U0076433

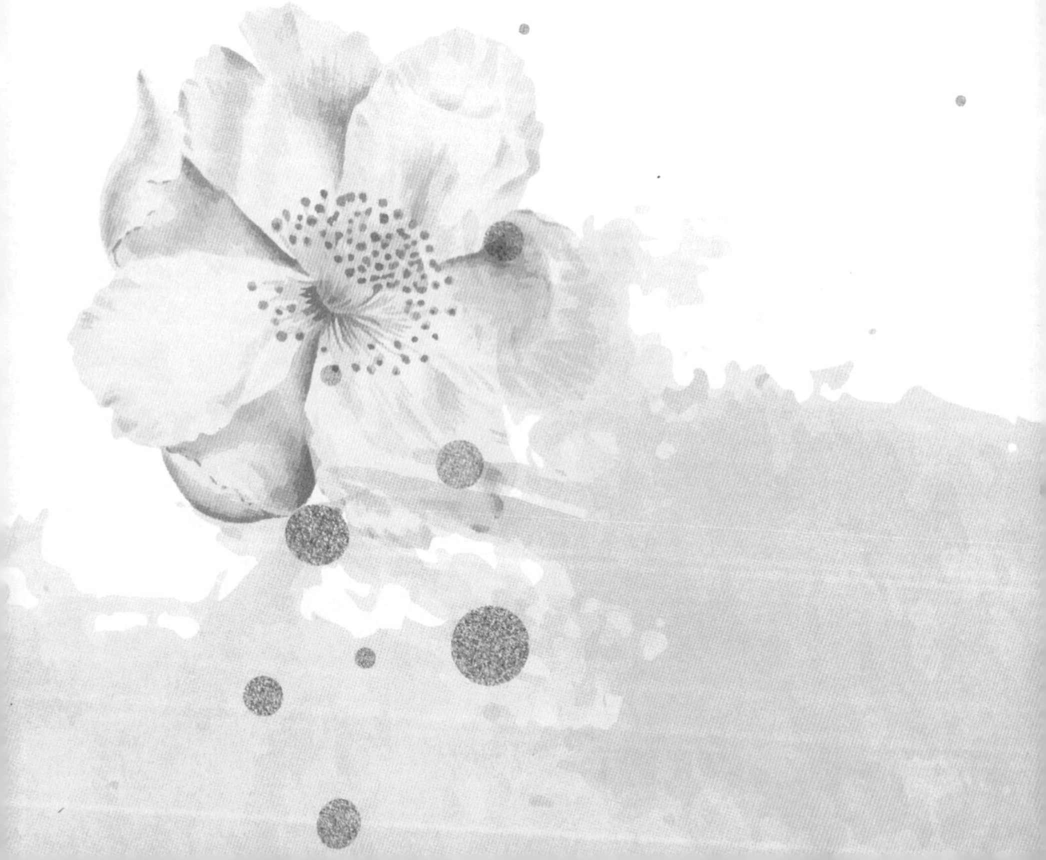

心清如水

阮清水 戀戀果凍花

目錄

琴瑟不和鳴

孝順難兩全

雲開見月明

果凍花之悟

後記

附錄

推薦序

孩子們的最佳榜樣

文／賴巧敏

初識阮清水老師是在新興國小柔道角力隊完成精彩的全國賽後，這時小選手們剛結束一段高強度的訓練，進入調整身體能力、沈澱心靈的訓練階段，那天下午的訓練，就是讓小選手們聆聽分享。

阮清水老師當天特地準備五十個果凍花及材料，頂著烈陽騎機車從三重到淡水來，就是為了跟孩子們介紹最天然、最健康的食材，同時也跟孩子們分享他們從沒品嘗過的甜點——果凍花。

在佛教經典中，「愛」是由萬有因緣合和而生，但是不稱作是「愛」，稱「大悲心」。阮清水老師隻身離開家鄉嫁到臺灣，適應生活及離鄉背井的辛苦絕非一般，我們難以體會。教育無他，唯有愛與榜樣，她的大悲心及堅毅就是孩子們最好的心靈啟發與榜樣。

當天的分享過程讓孩子們意猶未盡，迫於時間關係，孩子們與她相約第二次見面，而且下一次要帶爸爸、媽媽一起來跟她學習。

第二次見面就是各家一份材料，從認識、操作到成品，阮清水老師在介紹製作過程中以親子關係、夫妻關係、師生關係到人我關係為動作主軸，讓人不僅記憶深刻更是心靈的啟發。

每個家庭發生過的問題，在她身上都有，甚至更甚；然而，是什麼樣的智慧讓她如此通透、無我，讓她在歷經異鄉痛苦的人生後，能以這般慈愛的姿態擁抱、熱愛異鄉人？

當我們在教導孩子成長茁壯的過程中，逆境是不可或缺的養分，而在逆境中還能起大悲心，愛所有苦難的一切，教養功力更需上乘，除非我們親身經歷。而宗教就是有這番能量，它能融合不同種族、不分國界，讓大家都因為有共同的目標，而不分彼此。看著親子們依循阮清水老師的指導，合力製作果凍花時的專注、面對失手狀況時的慈愛和樂，充分體現最動人的大愛景致。

製作完成時，各家成品一如眾生百態，幾十朵果凍花擺在一桌，不是競相爭豔，反而是相互讚賞，大家敞開心胸欣賞彼此，如同阮清水老師說的：「無論好壞、美醜，它的本質都是一樣純淨的，雖然樣貌不同，但都是我們最寶貝的孩子。」在佛菩薩眼中的我們，不就是如此嗎？

如今，在各宗各教宣說弘揚的教義之下，阮清水老師堅毅地站在食材、器具桌前實踐大愛。在勞碌的白天後，她的深夜廚房點亮一盞溫暖的燈，不論生活中的風雨、起落，她依舊愛孩子、愛家庭、愛付出、愛分享；隨著日月更迭不斷出現的問題，在這裏都得以找到力量，足以面對、解決，然後繼續地生活，持續地熱愛地球。

（本文作者為新北市淡水區新興國小柔道角力隊總教練）

文／嚴儀華

推薦序 一泓清水照人心

認識阮清水老師不是偶然，而是刻意。從事生活美學教育工作多年，除了創作、育才，對美的事務始終執著如一且嚮往之。從「尋找生命的美學榜樣」，我誠心誠意向周圍的人學習身、心、靈「康健美學」。就這樣有緣聘任阮清水老師，擔任社團法人臺灣城鄉發展協會自費班「3D果凍花初、進階班」首席師資，也因此熟識清水老師。

阮清水人如其名，清澈流水、孕育大地，響應環保、固守食安、推廣素食、孝老愛親、至真至善，永不止息。

起初阮清水老師以3D果凍花教授跟她一樣立足臺灣的新住民姊妹為主，如今，她更推向社會大眾，遍地教授3D果凍花，廣結善緣，帶給大家對新住民的翻轉印象。她的學員遍及全臺，身體力行，熱心公益，以「菩薩心腸，善念為懷」典範，積善積德，相濡以沫，不遺餘力。

身為慈濟志工的阮清水老師，以「慈濟大愛」的心及「水」是「生命之源、生產之要、生態之基」為主，將水溶入蒟蒻粉、椰奶、各式蔬果汁煮熟後，帶著針具、技巧，為栩栩如生一朵朵綻放的花朵及食安把關後，呈現出美味、美觀兼具的藝術果凍花，讓大家觀賞、品嘗，進而現今要出書，不啻為新移民的典範，更是臺灣人的福分！

她將3D立體造型外觀的果凍花，製作過程分主體、花雕和基底，食材講求純天然、養生、素食，教大家如何運用天然草本植物，簡單萃取出效果最好，顏色最漂亮的天然色素。

她說，每個步驟如修行般，要心細調和、心靜如水，蘊含佛法做人哲理，透過小技巧煮出漂亮的透明基底，從配色到打花技巧，做出最自然的花瓣，讓果凍花柔軟自然如真。

感恩阮清水老師有顆菩薩心腸，對新住民及臺灣人的付出永不落後！

期盼這本書能帶給大家在生活中美學的視覺、心靈饗宴，心動了就按照老師的步驟、教法，動動手做出賞心悅目的3D果凍花！在自在、豁達的心境中或心情鬱悶時，想休息了，翻看它，讓自己的心靈接受一次次「清水」的滋潤。

領略3D藝術果凍花——美麗的花花世界，滲透在每一個生命的成長中，然後再嘗試化為一泓「清水」，給自己的生命一次次波動、一次次清淨的旅程，如此周而復始，我們的生命將更惜福，推廣大愛，善孝為先！

阮清水老師的生命如一泓清水，源頭處沒有一點汙染，笑容燦爛，生活就像水晶般透明，內心寧靜、心境清澈，如菩薩，如果凍花，像一泓清水映照人心——

平靜無波時，如鏡、如淨、如靜；

偶起波瀾時，如心、如欣、如新。

（本文作者為社團法人臺灣城鄉發展協會祕書長）

推薦序 幸福回饋

文／吳麗珊

「姊姊，我想送便當給獨居老人吃，好嗎？」這句話感動了我，她是從越南遠嫁來臺灣的阮清水。

和她相識在新北市三重區明志國中導護隊志工聯誼餐會上。她語出大願，想做便當給獨居老人吃，當聽到這句話時，我以為是隨便講講，不當一回事，後來再次相遇，已事隔兩個月，她再次提起便當的事。

「姊姊，我上次跟你提過的，要送便當給獨居老人的事，什麼時候開始呢？」我心想，這位漂亮的越南新娘是來真的耶！

被她的真誠感動，於是每週三中午的愛心便當，就此產生了。她不但送便當、做果凍花給長者吃，還分享給志工吃。獨居長者們讚歎：「怎麼那麼厲害啊！果凍上面還會長花。」我告訴他們，這是用天然的蔬果做成的，吃了很健康，大家都吃得好高興。

阮清水不但願大，心更善良。她曾告訴我，臺灣給她那麼幸福的生活，她願意為臺灣付出心力，所以不管弱勢、貧戶，她都願盡所能，協助幫忙。

她更把大愛散播給從越南嫁來臺灣的姊妹，不管她們有什麼困難，都盡量幫忙解決；對獨居老人的愛更是不遺餘力，不定時做果凍、買好吃的水果、過年更發紅包給老人家，種種付出，看在大家眼裏，只有「感動」兩個字。

我只能說，我們有這位越南新娘做臺灣媳婦，是我們的福氣。她的愛，影響了很多人，希望大家跟她看齊，共同打造一片愛的園地，讓社會充滿溫暖。

（本文作者為三重區公所慈暉志工隊隊長）

楔子

黑暗中有光

越南，胡志明市。

夜深沈，天空綴點著零散的星辰，幽幽閃爍，淡淡清暉。

繁忙的人們都已倦鳥歸巢，街上冷冷清清，市中心白色大橋上，白日洶湧的人群已散去，此刻，橋上空無一人，難得寧靜。

一陣急促的腳步聲劃破了這分寧靜。

穿著淺藍色繡花短衫的少女，小跑步靠近白色大橋。夜風揚起她及腰的長髮，清秀的臉龐洋溢著壓抑的喜悅，她奔向大橋的中心點，緊握著欄杆，仰頭凝視無窮的天際。

她的眼眸閃著自信的光芒，充滿倔強的堅持，像是要證明什麼似的，毫不退縮地和天空對視。

不知有多少個夜晚或清晨，她都是這樣瞪著夜空向老天爺喊話，今晚，她同樣瞪著天空，卻大聲笑了起來，不自覺地對著穹蒼大喊：「老天爺，你看到沒有？我得獎了，我拿到獎金了，我說過你整不死我的，整不倒我家的，我一定會更加努力，家裏一定會好起來的，你聽見了沒有，我絕對不會認輸的……」

白色大橋迴蕩著清脆而堅定的聲音，這是一個十八歲少女內心深處的吶喊。

夜風吹拂她單薄的衣衫，纖細窈窕的身影，更顯得柔弱令人憐惜。然而，家庭的沈重壓力，逼她不得不一肩扛下。

喊完了，她的視線從天空移到橋下的流水。

黑夜下，溪流也是一片黯沈，但因路燈的照耀，除了流水潺潺聲，隱約有光。

她盯著那隨光波動的溪水，覺得太像是自己的困境了，四周都是黑，都是暗，找不到出口，那淺淺波動的光，就像是僅有的希望，是黑暗裏唯一的一道光……

得獎的喜悅瞬間消失了，她對著橋下微弱的光影喃喃地說：「我不會向命運低頭的，我會很努力很努力的……」

一覺繁華夢

臺灣，新北市。

位於土城區的一所國中，利用晚間開辦的新住民課程，正在教授果凍花的製作方式。

果凍花是門需要心巧又手巧的藝術，在已經凝結的透明果凍裏，用天然食材調出色調，再慢慢雕琢成一幅悠靜的山水圖，或是美麗雍容的花朵。從學員們專注學習的神情，可以感受果凍花的神奇魅力。

有學員問：「老師，我做的這個水流的感覺好怪喔……」

老師回答：「想要讓水產生流動感，工具的角度必須掌握好，不能直直下去，要從這裏轉彎，切進去，才能把藍色注入，多轉彎幾次，弧度就可以出來了。這就像我們的個性，如果太直，就會讓別人受傷，所以人生要懂得該轉彎的時候記得轉彎……」

又有學員問：「老師，我的花瓣都擠在一起了……」

老師莞爾一笑：「這裏要用平行手法，每一片花瓣都要平行注入，手法正確才會有立體感。這就像人和人在一起，要用平等心來對待，沒有分別，沒有高低……」

學員在製作過程拋出好多問題，身為果凍花教學老師的阮清水，總是不厭其煩耐心指導，他調整學員的手法、技術，也調整他們的心情。

有人立即修正手法，或更換工具重新再做；有人默念老師所說的步驟，像在咀嚼老師說的話。她們來自不同國家，有大陸、菲律賓、越南、印尼……從二十歲到六十歲都有，卻都有著同一身分——外籍新娘。

阮清水特別喜歡這個班級，因為學員們不會分別你是來自越南，或是菲律賓，大家和氣友愛地聚在一起，並親暱地喊她一聲「老師」，總是熱情地問：「我可以做什麼？」「老師，這個送給你掛著。」「老師，我材料幫你準備好了」「老師，這個給你吃吃看……」，即使只是簡單的幾句話、幾個小動作，都讓她覺得好窩心。

這種真情流露，讓阮清水有一種被訶護與被關懷的感覺，那種感覺不是師生關係，更像是親密的姊妹。
也因為這樣，每次課後，這群姊妹還會圍在一起聊心事，分享彼此的人生故事。
「老師，你喜歡臺灣嗎？」
「老師，你為什麼會嫁來臺灣？」
……
二十年前的往事在腦海重新翻騰了起來，她不禁問自己：當時還有別的選擇嗎？

捧在手心的公主

越南前江省，依偎在湄公河畔的一個純樸小鎮。一望無際的稻田，一年四季盛產的熱帶水果，熱情、純樸的農村景象孕育了這塊土地的風土人情。

阮清水從小在這裏長大。由於父母在胡志明市經商忙碌，她跟著阿公、阿嬤住在前江省的該禮市社（cai lay），老人家除了種田，也在當地經營一家當鋪。

阿公、阿嬤非常疼愛她，常常把她抱在懷裏講故事，給她買各種好吃的點心，穿漂亮的衣服，那時的阮清水是個非常快樂的小孩。

有一天，阮清水因為急著要去玩耍，碗裏的飯沒吃乾淨就想跑走，阿公生氣地叫她回餐桌前坐好，嚴肅地說：「吃飯要吃乾淨，如果沒吃完，或者把珍貴的米粒掉在地上，以後就會變成一隻蟲，食物是珍貴的，不可以浪費，知道嗎？」

由於阿公從來沒有對她這麼嚴肅過，阮清水嚇到了，乖乖地坐好，把碗裏的飯粒吃乾淨。從此以後，她不只會把食物都吃乾淨，甚至只要有飯粒掉到地上，還會趕快撿起來吃掉。

也就是嚴肅而已，阿公、阿嬤從來捨不得罵她打她，他們寵愛著阮清水，但這寵愛是理性的，而不是溺愛，關於生命與生活的道理，他們一遍遍教導小孫女。

也因此，重視家人、重視親情、樂善好施等觀念，在阮清水小小的年紀已經埋下種子。一直到六歲，阮清水才離開前江省，離開阿公、阿嬤，被父母接回胡志明市就讀小學。

阮清水是長女，下面還有個弟弟，但不只阿公、阿嬤寵愛她，回到胡志明市後，父母將她視為掌上明珠，因為家境富有，她所擁有的都是最好的，漂亮的衣服、玩偶、禮物……應有盡有，特別是美食，因為她的爸爸喜歡品嘗好吃的東西，一到假日，就會帶著全家人去餐廳，還常常單獨帶她去吃特別的料理。

當她生日時，父母會大張旗鼓地舉辦生日宴會，讓她邀請同學、朋友來參加，還會在當天把她打扮成美麗的小公主。

爸爸買車的時候，摟著她的肩，疼愛地說：「第一輛車是你的，以後買第二輛車再給弟弟。」

阮爸爸非常愛家人，不只和妻子感情很好，對他們姊弟倆更是疼愛有加。他們的小名是阿水和阿忠，女兒取名「水」，是因為水在生活裏很重要，兒子取名「忠」，是因為做人做事都要忠誠。阮爸爸希望一家人不分離，彼此永遠忠誠信任。

十四歲之前的阮清水，幸福快樂寫在臉上，在同學眼裏，她就像個小公主，總是被家人捧在手心。在愛與溫暖圍繞的環境下，讓她每天晚上都能無憂無慮甜甜地進入夢鄉，等著隔天早晨，被媽媽溫柔的聲音喚醒。

只不過，從小在阿公、阿嬤身邊耳濡目染的價值觀，來到都市後，顯得有點格格不入。

有一天，阮清水把存了許多零用錢的豬仔撲滿，放在路邊一位老人家手裏，然後害羞地跑掉了。因為她在路邊看到老伯伯沒錢吃飯，向人乞討卻沒有人理會，心裏一熱，便跑回家把撲滿拿出來給老人家，其實她只是單純覺得，老伯伯沒錢吃飯很可憐。類似這樣的情況很多，但她做了之後，都不敢讓家人知道，因為父母很不認同。

愈來愈大之後，她對於在街頭乞討的人很不能理解，曾經問爸爸：「為什麼他們會變成這樣？」爸爸不屑地說：「他們都是假的，哪裏有那麼多乞丐？」

可是除了乞丐之外，在繁榮熱鬧的胡志明市，許多外鄉人來這裏打拚，卻常常找不到好工作，淪落到只能每日打零工，甚至吃不飽、穿不暖。阮清水每次在街上看到這樣的人，既困惑又覺得可憐，對於爸爸說「這是假的」的說法，她真的不能理解。

她總是說：「可是我希望他們能夠跟我們家一樣有錢啊，就不會沒飯吃了。」

爸爸只是淺笑回答：「你不要去擔心別人啦！」

阮清水沒辦法說清楚那種感覺，只是純粹希望大家都可以和她一樣，快快樂樂，不愁吃穿，她不只是想要拿零用錢幫助在路邊的人，也經常把自己的東西分送給朋友們。父母對她是無盡的包容和寵愛，只有這一點，常是爭執的起因。

「阿水，你對自己都很節省不會亂花錢，怎麼老是把錢拿去買很貴很好的東西送給朋友，這樣怎麼對呢？」

「阿水，別人送你的東西都是好東西啊，你怎麼不用，反而轉送給同學？新的東西都送給別人，舊的東西反而留著自己用，這樣怎麼對呢？」

每次挨罵都是因為這類事情，阮清水總是躲起來生悶氣，記得從小阿公就是這樣教育她的啊，「如果我們有一百塊錢，自己有能力生活，就可以把九十九塊錢拿出來幫助別人。」

家道中落　嘗盡冷暖

「媽媽，電視怎麼不見了？」

「媽媽，櫃子哪裏去了？」

「媽媽，家裏的東西怎麼愈來愈少了……」

突然有一天，家裏沒了電視，過了幾天，又沒了櫃子，再過幾天，值錢的電器品陸續消失不見，阮清水和弟弟不明白，每次問，媽媽總是耐著性子回答：「沒什麼，好好讀書上課，家裏的事不要擔心。」

然而一些閒言閒語，慢慢傳入姊弟倆耳中，例如誰家沒電視可以看了，沒錢吃東西了，家裏東西都被拿走了、抵押了……偏偏，父母從不在家裏談這些事，更沒在孩子面前出現憂愁的面容。

一直到警察出現在他們家的時候，阮清水才知道父母做生意失敗了，負債累累，被很多人提告。他們家主要是做當舖生意，後來又開了電器行，生意一直很不錯，到底從何時開始走下坡，甚至虧欠貨款，她完全不知道，因為父母從不讓他們煩惱任何事。

遠在前江省的阿公、阿嬤知道家裏出事了，立刻趕到胡志明市，本來爸爸要被抓去關了，阿公認為一家的支柱不能倒，堅持出面把所有的事情扛下來。

阿公說：「反正我已經老了，關不關都一樣，可是你如果被關了，老婆、小孩怎麼辦？要關，就關我一個人吧。」

在阿公極力堅持下，大家只能含淚同意。於是，阿公被關了，房子也賣掉了，全家租了一間小房子擠在一起。破產之後的一無所有，好像是天堂到地獄，阮清水第一次感覺到，什麼叫做痛苦。

更痛苦的是，每次她去監獄探望阿公，回來後都會躲起來哭，她想到從小到大這麼愛她的人在受苦，而她卻無能為力，什麼也做不了，她就覺得心好痛好痛。

每天，家裏都有人上門討債，正當全家人徬徨無措的時候，沒有不良習慣的爸爸，不但沒有積極去工作或想辦法，反而跑去賭博，想要藉由賭博把錢賺回來。阮清水非常失望，深深覺得爸爸辜負了阿公的犧牲。

「為母則強」這句話，充分體現在媽媽身上。當時媽媽懷有身孕，很難找到工作，眼看自己的丈夫如此頹廢，只能打起精神張羅一家小吃店賣牛肉麵。當時租的房子是那種剛剛蓋好，什麼都沒有的空屋，很簡陋，媽媽就在屋子前面擺攤做生意，挺著肚子裏裏外外張羅。

阿嬤因為心疼，沒有再回前江省，留下幫忙小吃攤以及照顧家裏，而就讀中學的阮清水和弟弟，放學之後也會去打零工賺錢。

日子就這樣一天一天煎熬著，沒完沒了來討債的人，在賭博中逃避的爸爸，懷孕卻還要辛勞從大清早忙到晚的媽媽，阮清水即使努力打零工，賺取微薄的錢，心裏卻常常茫然不知所措……

不眠不休的阿嬤首先累倒了，媽媽剛好生下小寶寶，外婆趕來幫忙照顧，可是外婆本來就有腫瘤纏身，裏裏外外忙碌吃不消，愈來愈瘦，瘦到皮包骨，身體終於支撐不住了。

阮清水再也受不了了，大清早，她一個人跑到白色大橋上，對著天空大喊：

「老天爺，你為什麼要這樣折磨我們……求求你給我一筆錢吧，就算要我的命也沒關係，只要讓我的家人好好過日子行嗎……不然你就把我賣掉吧……」

她抓著欄杆哭泣，無助而絕望。

冬天的風瑟瑟冷冷，她哭到蹲在地上，好久好久才抹乾了淚站起來。她咬著牙瞪著天空，不願向崩壞的命運屈服。

「老天爺，我絕對不會認輸的，我會跟命運鬥到底，我一定會讓我的家人過好日子，我一定會做到……」

百萬盾獎金 杯水車薪

十八歲那年，有一天，朋友拿來一本雜誌，興高采烈地對她說：「清水，你去參加吧，這個選美比賽你一定會得名的，你那麼漂亮啊！」

阮清水仔細一看，比賽方法很簡單，只要寄照片去就可以了，雜誌社會挑選入圍的照片再讓民眾票選出前三名，只要被選上，就能獲得一筆獎金。她非常高興，任何賺錢的機會都不能放過，所以趕快穿上最好的衣裳，去相館拍了最滿意的照片，寄去參加比賽。

一頭烏黑亮麗及腰的長髮、深邃的眼睛、俊挺的鼻子、靚麗的青春容顏，從讀中學開始總有許多男同學圍著她打轉，阮清水知道自己的容貌還不差。然而這是比賽，比她漂亮的大有人在，她不在乎得不得名，卻很需要那筆獎金，因此告訴自己一定要得名。

從小，在她的印象裏，觀世音菩薩就是救苦救難的化身，為了這次選美比賽，她每天都很虔誠地去拜觀世音菩薩。

民眾的最後票選結果出爐，她得到第三名。阮清水高興地大叫，因為她有三百萬盾越南幣的獎金了。

「媽媽，我得名了，有獎金三百萬。」

自從家裏破產後，媽媽終於露出久違的笑容。阮清水把獎金全部交給媽媽，自己跑去感謝觀世音菩薩，她相信一定是菩薩冥冥之中的幫忙，送給她這麼大的驚喜。

當天晚上，她抱著興奮的心情，再度跑到白色大橋上，對著天空大喊：「老天爺，你看到沒有？我得獎了，我拿到獎金了，我說過你整不死我的，整不倒我家的，我一定會更加努力，家裏一定會好起來的，你聽見了沒有，我絕對不會認輸的……」

只是，這樣的開心維持不了多久，得獎的喜悅，慢慢消失了。

三百萬盾越南幣是多少呢？大約是阮清水打工一個月的薪水，家裏租的房子一個月就要四百多萬盾（約新臺幣四千元）租金。

開心過後，她依然想著往後該怎麼辦？怎麼做才能讓媽媽不要再這麼辛苦？不再愁眉苦臉？讓外婆不必再彎著腰、駝著背張羅事情？讓阿嬤不再生病？怎麼做才能把錢早日還清，讓大家不用再過著害怕債主上門討債的日子。

她不知道未來要怎麼辦，只能對著橋下微弱的光影喃喃地說：「我不會向命運低頭的，我會很努力很努力的……」

那段期間，媽媽撐起了這個家，對丈夫用賭博來逃避現實的行為，並沒有太多的苛責，還是用包容與鼓勵，希望丈夫早日清醒。阮清水有時會因此跟媽媽發生許多爭執。

她不明白的是，家裏都已經這樣了，要等到什麼時候爸爸才會回頭？媽媽沈默不語，後來阮清水明白了。為什麼媽媽捨不得說重話，是因為媽媽了解爸爸的個性。

爸爸本來在前江省一所小學當老師，認識媽媽後，為了追求心儀的女子，毅然決然放棄教職，搬到人生地不熟的胡志明市打拚。

婚後，夫妻倆非常恩愛，不管媽媽喜歡什麼、想要什麼，爸爸都會盡量滿足她。爸爸總是把妻子打扮的很漂亮，平時不管工作再忙，家庭永遠擺第一，陪伴妻兒，是他最重視的事。妻子生病了，他還特地去學如何烹煮營養的食物，親自餵她吃飯，那種溫柔體貼早已深入妻子的心。

因為知道丈夫本質是個很好的人，才會對這種一時的頹喪逃避充滿包容，等著他回頭。

幸好，爸爸頹廢一陣子後，不再賭博了，因為阿公在監獄裏因中風被放出來，阿嬤拖著生病的身體全心全意照顧阿公，這時爸爸終於徹底醒悟了，收起逃避的心情，幫忙賣麵，也去擺攤賣鞋子。

爸爸回頭後，阮清水終於明白媽媽的用心，也明白爸爸依然深愛這個家。像她拚命到處工作，賺的錢全部拿回家，爸爸會心疼地說：「你不要一直工作，也要休息。」

阮清水含笑回答：「休息不重要，我死了也沒關係，家裏有錢就好了，我要賺很多錢給你們，幫忙把債務還清。」

爸爸愧疚地抱著她哭：「都是爸爸不好，讓你們這麼辛苦，這不是你應該擔的責任。」

她一聽心裏更難過，因為不只是她在努力工作，弟弟也是拚命賺錢，那時弟弟才十六歲，每天早上六點出門，工作到晚上十二點才回家，沒有人拋棄這個家，一心只想幫助家裏度過難關。所以當爸爸不再賭博，黑暗的日子似乎有了一絲絲曙光。

貧富懸殊　扭曲人生

搬家躲債的日子，真的很難熬！一年搬家五次，幾乎是家常便飯。

一家大小努力工作還債，也敵不過討債的人日日相逼，不得已，只能不斷搬家暫時躲藏；因為外面到底欠了多少債，連父母都不敢估計。

胡志明市分為好幾區，區與區的分別，只是貧與富的差距而已。想在胡志明市安定下來，不是每個人都能順利找到很好的工作，大部分只能打打零工，節儉過日子。

家裏富裕的時候，阮清水總覺得那些人好辛苦、好可憐，總希望他們可以和自己的家一樣，有錢、有好吃的，無憂無慮，沒想到，自己現在也變得和他們一樣，又窮又辛苦。

阮清水做過很多工作，例如賣酒、賣餅乾、發傳單、餐廳服務生等，因為沒錢買新衣服，高中時常放學後穿著制服就去打工了，客人笑說：「這個小妹妹還穿著制服呢，怎麼沒有換衣服呀？」她從來不解釋，只是低頭笑一笑，繼續做事。

許是現實壓力影響，阮清水的個性變得凌厲強勢，例如有一次全家搬到工廠附近，媽媽在門口擺攤賣飯賣麵，工人每次來吃，都會討價還價，不然就是要求加飯加麵的。有一次，她終於忍不住生氣了，衝著客人開罵：「我們都賣這麼便宜了，你還要加東加西，那你要不要加錢？」

搬到另一處改賣水果，客人不斷殺價又試吃，最後什麼都沒買就走了。幾次下來，她又忍不住發飆了：「還要賣多便宜？你這樣子一直試吃，又一直捏來弄去，最後這些東西我們要賣給誰？」

因為看不慣貪小便宜的客人，阮清水總按捺不住內心怒火，直接把客人轟走。

結果就是惹媽媽生氣，反過來罵她：「你不適合做生意啦，客人就是皇帝啊，不能用我們自己的心情來對待客人，而是要把客人照顧好。」

可是她生氣的原因，是心疼媽媽做的很辛苦，身體也愈來愈差，很多時候都是硬撐著從早忙到晚。

就在她罵了客人幾次後，媽媽終於忍不住了，不只拒絕她到店裏幫忙，甚至氣到想動手打她，幸好阿嬤立刻跑過來維護，「不可以打我的孫子，你如果不要她，我就帶她一起回鄉下去，阿水說的有什麼不對，那種客人，難道應該慣著他們嗎？」

阮清水知道阿嬤是疼她，所以總會護著她，也知道媽媽想要賺錢，才會對客人忍氣吞聲。可是媽媽為此對她生氣，甚至想動手打她，那一剎那，她心裏真的好難過。

她覺得自己並不是無理取鬧，只是看不慣那些想貪小便宜的人，不願意遷就那些人，頓時種種委屈湧上心頭，獨自一人跑到白色大橋上，看著橋下潺潺的流水，覺得心裏空空的。

一心只想怎樣才能扭轉家裏經濟卻苦無對策，現實困境讓阮清水覺得蒼茫又悲涼。

打架發洩頻轉學

無言的怨與怒埋在心裏，讓她和同學也處的不好，三年高中生涯換了好幾個學校。家裏常常被追債，結果就是被同學看不起，言語間總是冷嘲熱諷，忍無可忍的時候，她就跟同學打架，學校處分次數多了，下場就是退學。

比較嚴重的一次，是跟自己的好朋友阿娟鬧翻。

阿娟聽別人謠傳阮清水到處講她的壞話，於是當面質問並吵了起來，可是阮清水澄清根本沒有，又追問到底是誰講的。

阿娟堅決不肯說出對方是誰，造成她們之間很大的誤會，兩人一言不合吵到翻臉，氣沖沖地約好放學後去打架。阿娟甚至放話：「我要打電話叫幾十個人來打你。」

阮清水也生氣回應：「誰怕誰，我也會打電話叫人來，你等著。」

因為她平時在打工，外面認識很多朋友，要叫人來是小事一樁，不過，這場架沒打成，有人去跟老師告密，老師看到他們一群人已聚集在一起，厲聲要求他們全部散開回家，因此第一次打架不了了之。

但兩人也不知為什麼變成不死不休的局面，又約了一次打群架，不過，找來的朋友還頗為理性，阿娟的朋友跳出來說：「大家在旁邊助陣就好了，讓她們兩個去打，誰都不可以幫忙，讓她們兩個自己先解決。」

旁邊的人附和道：「對，這是她們兩個人的事，讓她們自己去解決，大家先不要攪和進來。」

既然雙方都認同不要打群架，於是兩邊各據一方，把阮清水和阿娟圍在中間，因為兩人都剛下課，穿的都是純白色的奧黛長衫，就像穿著旗袍在打架（註1）。

準備打架的兩個人，無視於這種貼身纖細、美麗優雅的奧黛會不會被扯破，手一撩，把白色長衫綁在腰上，阮清水非常生氣地衝到阿娟面前先動手，阿娟反手推她，兩個人扭打在一起。阮清水抓她頭髮，又抓住她的衣領用力一扯，結果阿娟上衣釦子都掉了，趕緊用雙手遮住上半身。

阿娟的朋友一看，趕快衝上來幫她擋住，因為內衣走光，現場有很多男生，在民風純樸的氛圍下，不太光彩。

第二次兩人糾眾單挑也沒解決問題，彼此心結反而愈結愈深，打架的事情後來被老師發現了，就把她們分到不同班級上課。

第三次，阮清水和阿娟晚上補課時，一言不合就直接動手打架，後來被同學們勸離才罷手。

平常都是小打小鬧，最後一次，兩人吵得很兇，嗆聲要拿刀子幹架，同學緊張地去跟老師報告，結果還沒有打起來，老師已經找警察來了，還把雙方父母請到學校。

其實那次只是放話拿刀子虛張聲勢，但是老師跟父母說，你們的女兒拿刀子要打架，阮清水的媽媽到了學校後非常生氣，傷心地責問她：「你為什麼會打架，還打成這樣……」

後來兩個人都被學校開除了，結果又剛好都換到同一個學校，那所學校知道兩人打架的事不敢收，她們只好重新找學校。

兩人的誤會一直存在，倒也不是多嚴重的事情，阮清水只是因為情緒不好，把打架當成一種發洩。家庭困頓，即使自己一邊讀書一邊工作，依然幫不上什麼忙，那種揪心和無奈，使得任何事情都很容易成為引爆情緒的導火線。

媽媽常不明白地問：「這個女兒怎麼了，一整天都想要打人，以前溫柔乖巧的女兒哪裏去了，現在總是兇巴巴……」

阮清水記憶裏的媽媽，是從來不打小孩的，性情溫柔有氣質，美麗且優雅，但是家裏破產開始賣牛肉麵之後，生活的壓力讓媽媽的個性也改變了，失去耐性，容易罵人且發脾氣，甚至會直接抓住她的手臂擰打……

一切都在改變，無法阻止。困頓的生活，只圖能求個溫飽，誰也照顧不了誰的情緒了。

落花有意　流水無情

除了家裏的困境，閒言閒語更是阮清水的壓力來源。從家中破產後，就經常有朋友和同學在背後指指點點，甚至私下嘲諷她根本配不上喜歡她的男孩們……

記得全家曾搬到火車站附近賣牛肉麵，一些年輕人想追求阮清水，常來店裏捧場，當知道阮清水在學校被欺負了，他們二話不說就去幫她理論討公道。媽媽知道女兒打架的事情後，把這些人都叫來訓了一頓：「你們沒有勸她也就算了，為什麼還去幫她打架？」

這些年輕人不敢說話，乖乖挨罵，低著頭不敢回嘴，滿心只想討得未來岳母的歡心。

儘管這些年輕人待她極好，學校裏也有男同學想要追求她，只是阮清水心中早已打定主意「不要結婚」，她的人生只有一個目標，就是努力工作賺錢，好好照顧阿公、阿嬤、爸爸、媽媽，讓他們以後不要再過辛苦的日子。

生命經過挫折，才能明白掙扎的過程有多麼的苦。十四歲以前的阮清水，會覺得人生就是這樣了，一切都很美好，直到家裏破產、被追債，家人一個一個生病了……於是，她為自己定下了不結婚的目標，就算結婚，也要嫁給一個有錢人，能幫助家裏的人，否則免談。

所以，她把這些追求者當成普通朋友來看待，因為他們的年紀和自己相仿，不可能有什麼錢，當然也不可能幫助她的家。

那時候的阮清水，不過是十七、八歲的少女，對未來充滿憧憬，曾經在看了電視劇後跟朋友說：「如果有一個男生，愛我愛到願意付出所有，甚至犧牲生命，我會不會也願意這樣子去愛他？」

朋友不明白她的苦處，只是笑著說：「阿水，你在做白日夢嗎？」

也許是做白日夢吧！阮清水覺得自己沒有辦法去面對愛情，或者希求愛情，遇見心愛的人結婚生子共組家庭，這對她來說根本就不重要，她念茲在茲的只是如何解決家裏的困境。

高中畢業後，她主動放棄讀大學，雖然父母還是希望她繼續讀書，可是她不捨父母再去借錢，對阮清水來說，當下最重要的事，就是她必須把握機會工作賺錢。

十九歲那年，她在工作時遇到一個斯文帥氣的男孩阿俊，他和其他追求者不同，對她的關心和喜歡，一直都是默默的、體貼的，例如她無意中提到一歲多的妹妹要喝的牛奶沒有了，他就直接買好牛奶遞給她，知道她正想去買媽媽喜歡吃的水果，他也提前買好了，還送到她家裏。

這些關心家人的小動作，讓阮清水感到很窩心。

阿俊就是這樣點點滴滴的付出，在乎她的想法，也在乎她的家人，慢慢讓阮清水心動了。尤其，她從前也曾想過自己未來的另一半，必須是個子高大、有責任感、不計較、個性大方、孝順父母、不抽菸喝酒……阿俊全都吻合這些條件。

只是阮清水太過理性了，她坦白地告訴阿俊：「我需要錢，如果要嫁，就必須嫁一個有錢人，但是你沒有辦法，你們家只是普通家庭而已，你又很年輕，也不可能有什麼錢，我們還是當普通朋友就好了。如果要跟我在一起，就必須能夠幫助我的家，要不然我不會考慮，所以我跟你講清楚，因為我不想讓你背負我家的包袱，不想讓你有壓力。」

「我知道你工作的地方，也有很多女孩子喜歡你，畢竟你這麼好，如果遇到喜歡的人，就在一起吧，不用在意我，也不要等我。」

「祝福你找到一個很好的女孩，看到你開心，就是我的幸福。」

阿俊默默聽著，他知道阮清水已經拒絕過太多男孩的追求，也知道原因是什麼，自己的能力幫不了她，也不敢承諾什麼，可是他捨不得放下這麼一個堅強的女孩，也捨不得她背負的巨大壓力，做不了情人，至少能做朋友，讓他還有機會關心她。

反倒是朋友知道後，激動地責問阮清水：「他是真的喜歡你，難道你都不喜歡他嗎？」

她淡淡地回答：「我沒有資格喜歡。」

「你胡說什麼，他那麼喜歡你，你怎麼能夠放棄。阿俊長得帥、人又體貼，放棄他太可惜了。」

「我不會因為愛情、因為任何人，放棄我的家，我的責任。」

阮清水處理感情的方式很理性，在心動陷入漩渦之前，她就直接扼殺了可能滋長的愛苗，不投入不去愛，自然就不會捨不得。她沒有辦法做選擇，她知道自己的處境，所以從不敢去奢求愛情。

曾有人跟她說：「如果愛你，會很累，因為不是愛你一個人，是必須愛你整個家，負擔你整個家。」

朋友說的沒錯，阮清水苦笑。她知道自己不是對感情完全無動於衷，只是不讓自己去心動、去投入，如此一來，就不會捨不得。

那時，她才十九歲，對人生目標卻相當堅決。

在白色大橋上，她不是對著天空發呆，就是看著潺潺流水若有所思，日復一日，這座橋承載了少女阮清水無盡的喜樂與悲愁苦憂。

阮清水逼自己堅強勇敢，所以她很少哭，情緒過不去的時候，就用各種方式發洩。高中畢業後，只要不工作的日子就跟朋友出去玩，暫時躲避逃脫；然而，大部分時間，她喜歡自己一個人靜靜躺在草地上看著天空，感覺自己的渺小。

唯一會讓她潸然落淚、不捨的，是想到阿公、阿嬤，兩個老人家身體不好，家裏現在這麼潦倒，無法給他們一個安定的家。儘管她跟自己說，一定要賺更多的錢讓家人過好日子，讓老人家有更好的晚年，可是前途茫茫，她真的不知道該怎麼做才能賺更多錢。

苦悶、憂愁佔滿心頭，她只能看著天空靜靜流淚。

註1：奧黛（ao dai）是越南的國服名稱，這種傳統服裝上半身有點類似中國的旗袍，到了越南，穿出另一種風情。一襲剪裁合身的長衫，到了腰部左右開叉成飄逸的裙擺，下身則穿著寬筒長褲，不只能將女子的身段襯托得優美，長衫般的裙擺飄動時更是靚雅非常，再加上衣服色彩因人喜好可有各種瑰麗的變化，讓這款傳統服飾增添了萬種風情。這種傳統服飾是越南女學生的標準校服，並且一律為白色，象徵少女的純潔。

琴瑟不和鳴

二〇一八年，第二屆國際婚禮文化創意藝術大賽在桃園盛大舉行，阮清水受邀擔任食品藝術組的評審長。

這場比賽主要是為了促進國際美業人員技術交流，是場文化創意與文化美學的藝術大賽，比賽範圍相當廣泛，包括整體造型組、工藝設計組、食品藝術組等，阮清水有許多學生參與食品藝術組的創意果凍花比賽，林秀美是其中之一。

第一次看到果凍花，林秀美就深深被它的造型及美感所吸引，心裏的第一個疑問是，「果凍花能不能吃？」朋友帶她認識阮清水，透過實地學習，她才知道原來每一道色彩，都是天然食材調配出來的，所以她跟著阮清水一學就是兩年。

後來阮清水鼓勵她出去教學，更鼓勵她參加比賽，這場國際婚禮文化創意藝術大賽，是她第一次參加的比賽。

比賽當天，全家總動員幫她做好簡介，並全程陪同，從早上九點一直到下午五點，林秀美覺得自己參與與觀摩的目的達到了，心想得獎機會應該不高，便準備打包回家。

下午五點頒獎時間到了，正在和家人聊天的林秀美，彷彿聽見自己的名字，愣了一下：「是在叫我的名字嗎？」

家人也不確定，鼓勵她上前去確認清楚。林秀美懷著忐忑不安的心情跑到舞臺邊，清楚地聽到——創意果凍花組冠軍林秀美，她開心又激動地上臺領獎。

創意果凍花組是由五位評審進行整體評分後，再將結果送給評審長確認，擔任評審長的阮清水根本沒想到獲得冠軍的竟是自己的學生，也與有榮焉。

獲得冠軍，林秀美心裏的快樂無與倫比，因為這分光榮肯定了天然食材做出來的效果毫不遜色，也代表著想要做出漂亮晶瑩的果凍花，不需要用色素也能達成。而先生原以為她就是做做料理純粹好玩罷了，沒想到竟拿了個冠軍，不免小看了妻子的才華。

不過，林秀美感覺榮耀，不是因為拿到冠軍，而是因為果凍花所展現的風情萬種與令人驚豔的藝術美學。

參與比賽的作品，並沒有規定用天然食材或者色素，只要能做出果凍花即可，而評審所審查的標準，以細緻、技術及色彩為主，按理說，使用色素能讓定色更沈穩、更持久、更鮮亮，而天然食材即使技術再純熟，也可能因為時間的關係，導致色調慢慢變淡，和色素做出來的相比，有時看起來沒那麼鮮亮。

阮清水研發了好多年的定色搭配及技法，毫不保留地都教給了學生，林秀美此次參加比賽，選擇玫瑰花做為婚禮及愛情的見證，用火龍果加上蝶豆花，雕飾出玫瑰花的粉紫色，椰奶、南瓜、薑黃、菠菜、抹茶……繽紛的鋪陳出一片浪漫的氛圍。

林秀美看到了老師的用心，感動之餘，除了跟著學習，也跟著她到處做志工。因為阮清水常常提供果凍花做為各種活動的點心，她想，不只可以做志工，還可以乘機多練習做果凍花，一舉兩得。所以，她經常響應阮清水的號召，也認為這次會得獎，就是因為做志工不停地練習，所練出來的功力。

學生得獎後，阮清水的教學口碑更獲得肯定，慕名詢問、學習果凍花的人不遠千里而來，開始有人好奇：

「老師，你從越南嫁過來，做果凍花做到在臺灣算是很出名耶，想到果凍花就會想到你，而且學生們都很喜歡你、尊敬你，是不是家人也都很支持你？」

自從加入志工行列，每天都是忙碌的行程，阮清水已經很少想起從前的事了。

美滿幸福？幸福美滿？生命裏的滄桑，如果沒有自己走一遭，怎麼會知道「苦」這個字怎麼寫？

三天定終身

「阿水，你願意嫁到臺灣嗎？」

「臺灣？」

「對啊，你不是需要很多錢嗎？嫁過去會有一筆聘金，就可以用來幫忙家裏了。」

阮清水的阿姨嫁到臺灣約半年，知道她們家的困境後，詢問她嫁到臺灣的意願，聽到會有一筆錢，阮清水沒有猶豫，沒有問對方長相如何，馬上就答應了。

經過仲介的聯繫，說是臺灣方面看了照片印象還不錯，於是就讓雙方用電腦視訊。

視訊過後，阮清水的印象還是模模糊糊的，可是她已經打定主意，只要有一筆錢，她立刻就嫁。

既然雙方都有意願，仲介就安排男方到越南，讓雙方直接見面聊聊。阮清水沒特別妝扮，就穿著簡單的襯衫牛仔褲，男方則穿著襯衫西褲，相當正式。

初見面，阮清水對於男方會不會看上她、是不是要跟這個人結婚，沒有抱著很大的希望；對她來說，這只是幫助家裏度過困境的一個機會，她是真的想錢想瘋了。

幸好，初相見，阮清水覺得眼前這個男子給人的感覺滿好的，他穿著白色條紋襯衫西裝褲，看起來滿帥的，也很有精神。因為語言不通，兩人都是點頭微笑，全由仲介協助溝通。

第一印象很好，阮清水記住了他的名字：簡志宗。

簡志宗在越南停留三天後，決定結婚。

有些越南女孩在嫁到臺灣之前，會希望先和男方相處一段時間，看彼此是否合適，但是阮清水不在意這些事，也不在意婚禮要怎麼進行，一切都讓父母洽談決定，她心心念念的是——只要有錢，什麼問題都能解決，那才是最重要的。

因為這筆聘金對家裏太重要了。自從父母破產後，她從十五歲開始打零工，為了躲債，他們總是在搬家，所以即使打工也不穩定；父母親租房子賣牛肉麵，擺攤賣拖鞋，小妹妹剛出生不久，外婆、阿公、阿嬤都生病……一切都需要錢。

阮清水本來打定主意不結婚，要努力工作賺錢養家，但是如果結婚能拿到一筆錢，為了家人她什麼都願意。

要嫁給一個陌生人怕不怕？要嫁到一個陌生的國家怕不怕？阮清水覺得經歷那麼多磨難，死都不怕了，沒有什麼好怕的，所以三天結婚這件事，她沒有一絲猶豫。

「阿水，你真的要嫁去臺灣嗎？」

「沒關係，不要擔心。」

「可是你這樣……太辛苦……」

「現在有錢最重要，不要想那麼多。」

家人捨不得，再三問她一定要嫁嗎？她反而安撫家人不要擔心。其實大家都心知肚明，知道她為什麼堅持要嫁，沒有很開心或喜悅，父母強顏歡笑為她在自家舉辦婚禮。

那一年，阮清水二十歲。

結婚時，她沒有通知任何一個朋友，因為她沒有真正結婚的感覺。在越南，女兒嫁到臺灣，通常是因為錢，這和賣女兒沒什麼差別，阮清水也覺得自己是這樣的處境。

個性自傲、自認年輕漂亮，備受同齡男孩喜愛且追求，如今卻為了錢要嫁到臺灣，這對她來說是一件丟臉的事情，當然不可能讓朋友知道，雖然她不後悔，但是結這個婚，也沒什麼好開心的。

父母按習俗在越南為她舉辦婚禮，宴請親戚們參與。

婚禮當天，簡志宗特地訂了九十九朵玫瑰，做成愛心的造型，當著眾人面前，單膝下跪求婚。阮清水剎那間很感動，雖然這是一個不被期待的婚姻，可是她感覺到自己被尊重了，也因為這分尊重，讓她心動了。

她羞澀地接過玫瑰花，含笑點頭，眼前的男子即將是她的丈夫，這時她才打開心門，用一種溫柔的目光凝視著他，對即將開始的家庭生活，有了一絲絲期待。

之後，就是等待要到臺灣的時間。

要到臺灣之前，在越南會先進行一對一中文教學，但她學不到三個月就結束了。一般人辦結婚手續需要半年到一年，她的出國手續不到三個月就辦好了，也就是說，三天決定結婚，三個月後，人就到了臺灣。

阮清水跟著先生從越南到達臺灣後，就住進公公、婆婆位於三重的家。面對全然陌生的人和環境，她心裏不只緊張而且害怕，只能盡量保持笑容來掩飾，還在心裏跟自己喊話：沒什麼好怕的。

幸好，公公、婆婆都很和藹可親，待她非常的友善，她也就安心住了下來。

不過，後來她才發現，不只是她不想結婚，簡志宗也不想結婚，純粹是敵不過父母的催逼，所以他們這對「新婚夫妻」做了個約定。

簡志宗坦白對她說：「我本來就不想結婚，是父母一直催我，我們就暫時在一起就好，先不要生小孩，如果你真的無法適應臺灣，想要回去，我不會勉強你留下來。」

阮清水很驚訝，也有些驚喜，一方面是自己也沒想要久留臺灣，一方面是眼前這個男人再度表達了對自己的尊重，這分尊重消弭了她的不安和憂慮，她內心是很感激的，立刻就同意他的想法。

不靠父母　另謀出路

幾十年前的臺灣，三重一帶可說是龍蛇混雜的地區。

許多中南部的人北上打拚，想到臺北發展之前，通常會先經過三重，有些人就會順勢留下來，於是五湖四海的人都往這裏聚居。然而，大家偏偏又缺乏歸屬感，皆抱持過客的心態，所以當時的三重髒亂、擁擠，甚至角頭、幫派相當多。

簡志宗從小在這裏生活、讀書、工作。

那時候，幾乎每個人都「必須」混幫派，意思是，若不依靠哪個幫派，很容易會被欺負，其實就是找一個靠山的意思。

不過，依靠幫派跟真正混幫派又不同，那時候才十幾歲的簡志宗，雖說只是個毛頭小孩，對世事卻能看得清楚。他不想被捲進幫派的漩渦裏，因為他清楚知道如果混幫派，下場不是在打鬥中傷殘，就是早晚會被抓進監獄。

他觀察幾個有錢的同學，例如家裏開鞋店的、賣豬肉的，每天都有許多現金進出，特別容易被吸收加入幫派，一旦陷入，許多誘惑都來了，吃迷幻藥、賭博、酒店尋歡，最終下場都很慘，所以他一直很警惕自己。

簡志宗的父母是開機械、車床工廠，他算是富二代，但他不是嬌生慣養的公子，國中畢業就到自家工廠做事，做到二十歲去當兵，回來後繼續讀高職，同時也在自家工廠做到二十八歲。經過深思熟慮，他決定離開自家工廠，另謀出路。

他想到的是，第一，自家工廠使用的技術會造成環境汙染，整個社會已經開始重視汙染的問題，他認為這個行業即將被淘汰，必須儘快脫手，否則拖愈久賠愈慘，但是父親不認同他的觀點，不認為汙染的問題會造成工廠倒閉，堅持繼續做下去，無奈之餘，他只能自己先脫身；第二，在自家工廠上班，沒有一點富二代的好處，反而像是廉價勞工，每個月薪資才一萬多元，比其他員工的薪水還少，加上一切都掌控在父親手裏，他根本沒什麼成就感。

離開之前，簡志宗再三對父親說明整個大環境的改變，建議趕緊把機器轉手賣掉，工廠可以租給別人。可惜，父親否決了他的全部建議，簡志宗感到心灰意冷，便自己出去找工作。

離開自家工廠後，簡志宗先去做服飾批發，做了一年成績還不錯，後來老闆想要前進大陸開發，他個人不看好前景，改做水電。

因為有機械功底，做起水電工程駕輕就熟，建立了好口碑，生意蒸蒸日上，再加上這個工作很有挑戰性，他愈做愈有成就感，這時，他才深深感覺終於找到想做的事，日子過的好不快樂，遠比在自家工廠時還要開心自由。

過了幾年，家裏工廠因為接不到訂單，生意一落千丈，父親猛然覺醒，趕緊把機臺全賣掉，工廠收起來。那時候，不肯面對時勢變化的人，都賠得很慘，硬撐到最後的人，不但負債累累，甚至有的連命都賠掉了，鬱卒氣悶而病死。

簡志宗在家中排行老大，他走後沒多久，弟弟也跟著離開工廠，兄弟兩個一下子都走了，加上賠錢結束工廠，父親氣得要命，把錯誤都怪在他頭上，父子倆有好幾年都不說話、不來往。

明明是不堪虧損把工廠結束，父親卻對外說是大兒子把工廠賣掉。簡志宗質問父親：「明明是你自己賣掉的，錢都是你拿去的，我沒拿你半毛錢，為什麼你把責任推給我？」

父親怒回：「當初是你說工廠應該要收掉的！」

簡志宗更氣了：「我看不到這個行業的遠景，才勸你要早點收掉，你不肯聽我的建議，拖了這麼久，工廠已經賠錢才賣掉，錢都進你口袋裏了，我根本就不在工廠上班，怎麼反過來說是我賣掉工廠？」

父親自知理虧，這才沒再說什麼，簡志宗則氣得好幾年都不跟他來往。當初的規勸不肯聽也罷了，薪水才一萬多元也沒計較，最後還要被說成是禍首，真是令人灰心喪氣。這件事過了好幾年之後，父親才在心裏默默認錯，主動跟兒子和好。

曾經，簡志宗在賭場流連了一年。

十八歲時，他曾被朋友帶去賭場玩，賭的不大，因為他月薪才一萬多元，也沒什麼本錢豪賭。朋友帶去的地方是家庭式的，賭局大約在五萬到十幾萬之間。

最初幾個月，簡志宗很沈迷，幾乎每天都會去小賭一下，有輸有贏，金額不大，因此也沒有很在意。半年後，他慢慢發現，賭贏的時候，朋友會一起吃吃喝喝，稱兄道弟很熱絡；賭輸的時候，大家跑光光，沒一個朋友會找他。

他突然驚覺，這些人根本只是酒肉朋友，會聚在一起，只是看在錢的面子上。

後來，他逐漸找理由退出了，慢慢與這些人疏遠，正好也要準備當兵入伍了，理所當然地結束了賭博這件事，也離開這些酒肉朋友。

退伍後，他同樣回到三重市工作，後來離開自家工廠，專心投入水電工程創業時，接觸到比較正向的社團，例如扶輪社、青商會、獅子會等，再遇到從前的酒肉朋友，想拉他去賭一把，他已經完全沒興趣了。因為見識過，也玩過，他是個有定力的人，心中已經清楚明白，「賭」是怎麼一回事，不會再受誘惑。

有了自己的事業，簡志宗每個月能賺十幾萬，經常和朋友去KTV或卡拉OK唱歌，喝到凌晨一、兩點才回家，後來愛上運動，組織棒球隊、游泳隊、重型機車、水上摩托車、小型遊艇……每天節目排得滿滿，日子過得痛快舒暢。

不過，因為他是家中長子，父母總是催他結婚，讓他煩不勝煩，雖然也會和女孩子交往，卻從來不想結婚。

他覺得婚姻是一種責任，他只想要輕鬆過日子，逍遙自由，而女生都太嬌氣，動不動就生氣，他不會刻意去討好或忍耐，所以總是交往沒多久就分手。他也喜歡安靜，只要抱著一本書看，就覺得很享受了，不喜歡吵鬧，不喜歡忍耐去配合別人。所以過了三十歲，他就開始安排自己的人生了，他買了足夠的保險，讓下半輩子都不用愁。

可惜，怡然自得的日子終究敵不過父母的催婚。

三十九歲那年，終於同意結婚了。

生一個孩子賺三萬

通常早上一醒來，簡志宗就會趕快閃人，怕父母來找他，又是沒完沒了的碎碎念。

有一天，他再也受不了了，父母拿幾個越南女子的照片讓他挑選，他有些賭氣的選了一個，也答應到越南看看女方。

到達胡志明市，簡志宗見到了正當二十年華的阮清水，她穿著輕便的襯衫牛仔褲，長相清秀，一頭飄逸的長髮，襯托青春姣好的容顏，第一眼的印象很好，他有些心動。

人和人之間，或許就是這一面之緣，而緣分自然而然就將兩個人緊緊繫在一起。

他在越南住了三天，就決定和這女孩結婚，給父母一個交代。

當他打電話回臺灣，通知父母要結婚的消息時，老人家嚇一跳：「催你好幾年都不結婚，怎麼才去越南三天就決定結婚了？」老人家高興多於驚訝。

儘管在當時，有很多人會把娶外籍新娘當成一樁買賣，認為買來的媳婦就應該做很多事，可是簡志宗從沒有這樣想，他認為既然把人娶回家了，應該把她當成妻子來對待。

簡志宗也擔心她能不能適應臺灣，雖然是奉父母之命結婚，但他不想製造更多問題，希望等到她能適應，願意留下來，再來考慮生孩子的事。

對於這樣的尊重，阮清水相當感動，她也希望半年後就能離開臺灣回越南，覺得兩人挺有默契，對婚姻及生育子女都興趣缺缺。

過了一年左右，公婆終於忍不住問：「為什麼你們結婚這麼久，都沒有懷孕？」

阮清水誠實地說：「我們講好了，暫時不要生小孩。」

公婆一聽發覺情況不對，他們為什麼催兒子娶媳婦，不就是為了要早日有孫子嗎？當下立刻命令他們必須趕緊生小孩。

簡志宗不明白父母從前每天叨念他要結婚，現在結婚了，改每天對媳婦施壓，催逼趕快生小孩，為什麼父母總要不停干涉孩子的事？彷彿不按照父母的希望，就是天大的不孝。

簡志宗認為結婚已經是一種責任，有了小孩責任更大，他不想承受這種壓力。阮清水當然也不願意，因為兩個人結婚都是不得已的，他們都感覺能暫時好好過日子就夠了，相當珍惜這樣的自由。

老人家看夫妻倆對生孩子是完全不積極，於是公公對阮清水說：「如果懷孕了，就給你三萬元做月子。」

阮清水有些心動了，因為嫁來臺灣後和她想像中的不一樣，除了聘金外，原本以為每個月還能拿到一些錢，可是先生每月只給三千元零用錢，她迫切需要錢，否則在越南好好的，為什麼要嫁到陌生的地方？

她內心暗暗思量著，沒有錢，中風的阿公怎麼辦？累倒的阿嬤怎麼辦？拖著身體辛苦賣麵的媽媽能撐多久？仔細盤算後，她想只有賺更多錢拿回家，幫忙解決債務，讓他們生活平順，才能報答阿公、阿嬤和父母從小對她的呵護。

來到臺灣快要一年，沒有存到什麼錢，她心裏很是焦慮，一聽到有三萬元可拿，她的意念有些動搖，又有點猶豫，一旦生了孩子，是不是就代表她要永遠留在臺灣？

阮清水很掙扎，但是敵不過公婆的催促，與先生同意生小孩。當她後來懷孕的時候，公婆非常高興，簡志宗只是淡淡地說：「既然有了，那就生吧！」

才二十歲的阮清水摸著肚子，有點不相信裏面裝了一個小孩，年紀輕輕的她，心態還沒調整好，沒意識到她已經是人家的妻子、媳婦，甚至準備要當媽媽了。對於婚姻這檔事，她沒有任何準備或規畫，也因此導致婚姻生活裏的種種摩擦。

懷孕七、八個月時，她才感覺到真的有一個小孩在她肚子裏慢慢長大。生產的時候，撕裂般的疼痛，讓她恨不得死掉算了。等到小孩出生，護理師抱來給她看時，本能的母愛才顯露出來，驚覺小寶寶好可愛，而且是自己生下的小孩。

二十一歲的她，當了媽媽。

因為工作的關係，簡志宗遲遲趕到醫院，第一眼看到自己的兒子，他愣了一下，心想：「嬰兒都這麼醜嗎？」直到兒子滿月了，白胖圓潤，他才感覺兒子真是可愛。

他是個責任心很重的人，有了孩子後，他就會規畫好未來，滿心只希望孩子乖乖長大，以後安份守己，不要惹事生非，平平安安過日子。

心繫娘家　拚命工作

阮清水剛嫁來臺灣第一年，簡志宗對她很好，還買了一臺好幾萬元的手機送給她。這個男人待她還算體貼，個性也好，不亂發脾氣，但是阮清水心裏還是很苦，因為她要的是錢。

現在的生活和自己的預期完全不同，老公給她的錢少得可憐，常常必須省吃儉用，斤斤計較，因為手頭不寬裕，更別說有餘力幫助越南娘家了。每思及此，她的心裏就好苦好苦。

最初，簡志宗每個月給她三千元零用金，後來逐漸減少，兩人常常為了錢的事情，鬧得不愉快。

簡志宗要她試著自己賣東西賺零用錢，她最初拿了一些手工藝品回家做，可是賺的錢很少，她就放棄了，後來改跟姑姑去市場賣衣服，兼賣耳環、飾品等。

因為賺的錢不如預期，阮清水經常處在焦慮和生氣的情緒裏，或許是她的認知和現實不同，覺得自己嫁來臺灣就是因為家裏需要錢，等於是把自己賣了，也替對方生了小孩，結果還要出去工作，賺的錢也不多，讓她很後悔嫁來臺灣。

她想，如果要工作賺錢，那還不如留在越南，也不必和家人、朋友離得那麼遠。

有一天，她真的受不了，就跟簡志宗嗆說：「你們請一個外籍幫傭，一個月不是兩萬嗎？就當做你請我好了，一個月給我兩萬可不可以？我幫你做家事、煮飯、打掃，還幫你生小孩、帶孩子上學，你太划算了吧！」

簡志宗當下傻眼，他不是不想給錢，而是阮清水對待越南家人的態度，簡直像個無底洞，沒有填滿的一天。

儘管她一直鬧一直要錢，但簡志宗總是當作耳邊風，不是溜去看書，就是乾脆出門不理。

阮清水孤單苦悶，夜裏總是一直哭，怨念愈積愈多，心裏的苦無處發洩，動不動就找簡志宗吵架。因為心繫越南家人狀況，每晚工作結束後，她一定要打電話回去，聽聽家人的聲音也好，藉此聊慰鄉愁。

每個月的電話費，成了簡志宗最頭痛的一筆錢。

當時從越南打電話來臺灣，一分鐘是一百元，臺灣打過去是一分鐘三十元，所以都是阮清水打回家。她一講電話就沒完沒了，每個月的電話費高達四、五萬元。

阮清水看到帳單，感覺自己快要瘋掉了，這時她才知道原來打回越南的電話費一個月要好幾萬元，她想，如果這些錢都直接給家人，該有多好？她很不甘心地問：「電話費能不能不要繳了，這些錢直接給我啊！」

簡志宗哭笑不得地說：「如果不繳，電話就會被切斷，不能用，怎麼能不繳呢？」

又氣又懊惱的阮清水，想著好幾萬塊的電話費，想著自己一個月都賺不了那麼多錢，從此再也不敢毫無節制地打電話，詢問越南同鄉後，才知道用電話卡比較省錢，所以她就去買電話卡使用，後來電腦網路盛行，改用網路電話又更省了。

有一次，簡志宗發現自己配戴多年的金手鏈不見了，問阮清水有沒有看到？

阮清水無辜地說：「你都亂丟啊，我就把它拿走了。」

簡志宗有些生氣地說：「那些我已經戴了好幾年了，你怎麼拿走也沒跟我講一聲？」

阮清水小聲地說：「誰叫你要亂放呢，你都丟在房間裏，也不收好，我以為你不要了！」

想也知道，不見了的金飾，肯定被她拿回去越南了，簡志宗又氣又無奈，卻也沒有責罵她。因為阮清水每次回越南，總是大包小包的行李，什麼東西都要拿回去，就連電子鍋、餐具、碗盤等，只要是全新的，什麼都帶回越南。他也不是小氣，除了覺得她扛那些東西上飛機很累之外，並沒有阻止過，可是金飾這種屬於私人的飾品，講都沒講就拿走，實在過分。

只不過，生氣歸生氣，他也不想對妻子大吼大叫，掉頭就走出家門，以免留在家裏生悶氣。

簡志宗的心情也是很無奈，他是真心把她當做妻子來對待，對家庭種種開銷也有所規畫，不可能如她所願一直給錢，讓她全部拿回越南，否則未來孩子生活費、教育費，該怎麼辦？

有一次，阮清水又為了錢與他爭吵不休，簡志宗無奈地說：「我不是什麼大老闆，家裏每年的保險費就要十五、六萬，勞健保、生活支出、打回越南的電話費……全都需要錢，你知道嗎？」

阮清水不解地問：「為什麼要花那麼多錢去買保險？」

簡志宗解釋：「人多多少少都有意外，不要以為可以掛免事牌，意外發生的時候，又是一筆開銷，現在做規畫，還不是為了以後著想。」

阮清水不是很明白，很糾結地問：「可是我們家裏需要錢，阿公、阿嬤生病了也需要看醫師，他們沒有錢……」

簡志宗終於投降了，嘆口氣說：「你可以去工作，賺的錢全部歸你，全部寄回越南，我不會管，但是我這裏的錢，必須留著照顧這個家。」

他說到做到，此後阮清水工作所賺的錢，可以自己支配，簡志宗沒有干涉過。阮清水確定從他這裏拿不到錢後，從此拚命地工作，幾乎一天工作十五、六個小時，而且全年無休，她把所有賺的錢全部寄回越南，只盼望娘家可以過好日子，不必為躲債到處搬家。

也因為她拚命工作，在家裏的時間很少，和公婆及孩子的互動不多，以致於造成了生活上的種種摩擦。

被甩兩巴掌 鐵心搬走

「你們不要太好心了，否則媳婦都會欺負你們，一定要叫她做家事。」「這些外籍新娘，很多都偷跑了，不然就跟別的男人在一起，你們要小心。」聽多了諸如此類的忠告，讓公婆變得特別謹慎，怕阮清水會變成那樣，因此格外注意她的行為舉止。

聽到鄰居說：「這個媳婦你不會教啊，怎麼什麼都不會？」婆婆很鬱卒，回家就會罵她：「你看，娶你回來，我還被鄰居講不會當婆婆……」

三姑六婆的閒言閒語，導致阮清水對臺灣人相當討厭，她想既然看不起我們，那為什麼還要大老遠娶回來，難道我們就願意離鄉背井嫁給臺灣人嗎？

大兒子出生六個月後，阮清水又懷孕了，和老公商量，決定先不要生，因為帶一個孩子已經很累了，不想這麼快又生第二個。婆婆知道後，叫她不能拿掉小孩，公公說了，只要生下來，就給她兩萬元坐月子。

阮清水心裏覺得很累，一方面覺得公公一直用錢來跟她講話，不能體諒她的辛苦，一方面也感覺到，生小孩要養、要照顧，這些都是問題，加上懷孕時還要一邊工作，特別辛苦，儘管不太願意，但終究還是捨不得，決定生下來。

可是懷老二的時候，她的腰很痠，總是睡不好、吃不下，站著累，躺著也累，每天挺著個大肚子，有說不出來的疲累，直到小孩生下來了，她才又有了做媽媽的感覺。

平時夫妻倆去工作，公婆會幫忙帶小孩，等他們回到家就接手照顧。不知為什麼，兩個小孩晚上特別會哭鬧，還使性子不肯吃飯，老大每次吃飯要吃三、四個小時，哄半天哄得令人抓狂，工作一整天已經很累了，有時她真的氣到很想揍小孩。

受不了時，她會躲起來玩電腦，分散自己的注意力，避免亂發脾氣。看到孩子靜靜地枕在她的懷裏安睡，天使般的可愛臉龐，是她最幸福最開心的時刻。

兩代間對教育的看法，也是充滿各種衝突。

只要看到阮清水責罵小孩，公婆就會生氣地訓她一頓。有一次，因為孩子不肯吃飯，一直耍脾氣，公公就拿飲料哄他們，結果小孩直接把飲料當飯吃，她氣壞了，怒把飲料拿去丟掉，小孩哇哇大哭，她更生氣，忍不住動手打小孩。

公公在樓下聽到小孩號哭，上樓開罵：「你怎麼可以打我的孫子？飲料是我給孫子的，你為什麼把它丟掉？」

公公覺得媳婦沒有尊重他，狠狠甩了阮清水一巴掌。

阮清水愣住了，平時如果有什麼事，她會跟老公講，讓他去跟公婆溝通，所以她和公婆之間很少有直接的衝突，突然被甩了一巴掌，而且還是這輩子第一次，她傷心生氣又憤怒，衝回房間跟簡志宗說：「你爸爸剛才打我，他有什麼資格打我？連我爸媽都沒有打過我巴掌，他憑什麼？」阮清水氣瘋了，嗆說：「你們敢打我，我就死給你們看好了。」

她跑了出去，站在大馬路上想被車子撞，簡志宗趕緊追出去把她拉回家，先努力安撫她的情緒，然後勸解父母：「她已經快發瘋了，你們不要再說她了。」

才回到房間，阮清水又抓狂地拿起菜刀，想要死給他看，簡志宗趕緊奪下刀子，安撫她說：「我已經跟爸媽說過了，他們不會再那樣對你，你不要這樣了，好不好？」

阮清水失控大哭，那一刻，她好想念自己的父母，好想念越南。小時候如果他們不聽話，父母也是會打小孩，但絕對不是衝動或者隨便動手。

阮爸爸會叫小孩在床上趴好，才開始打屁股，打完之後還會說明是哪裏犯錯，要怎麼改等等，最嚴厲的懲罰頂多就是打屁股，哪裏知道她都二十多歲了，竟然被人甩巴掌。

在簡志宗安撫下，這件事也就過去了，只是她和公婆本來就不親的感情更加淡薄了。

每年都會回越南看阿公、阿嬤的阮清水，最擔心的就是老人家的身體，只要回越南，她幾乎都是陪在老人家的身邊。

她努力工作賺的錢都寄回越南，幫家人買了房子，誰知剛買沒多久，阿公還沒享福，就往生了。

爸爸知道她跟阿公的感情很好，特地在電腦視訊時安慰她：「你放心，阿公的後事我們都會辦得很好，讓阿公好好地走。」

當時阮清水身上沒有錢了，沒辦法回越南見阿公最後一面，這是她一直覺得很遺憾的事情，而越南的家裏，雖然買了房子，但負債及經濟情況並沒有好轉，所幸在當地她有很多好朋友，知道她阿公往生之後，特地伸出援手幫忙，朋友們包了厚厚一疊奠儀給阮爸爸，因為她們都知道阮清水很重視家人。

阮爸爸拿到那些奠儀時嚇一跳，本來是不肯收的，但是朋友說：「伯父、伯母你們一定要收下來，這樣阿水在臺灣才不會擔心你們。」

「對啊，你們也不要告訴阿水，要不然她會阻止的，現在需要用錢，我們也是盡一分心力，你們就安心地收下來。」

朋友們都知道阮清水自尊心強，雪中送炭的事沒有人告訴她，這是後來父母才告訴她的，她感動得不知如何回報這些朋友的情誼。

阿公往生那幾天，夜貓子的她常一個人坐在電腦前，默默流淚，她遺憾無法送阿公最後一程，這種沮喪的情緒一直持續了好幾個月。

她喜歡和朋友利用電腦聊天，或者和越南的家人視訊。有一天晚上，接近十二點時，她還在電腦前和朋友聊天，兩個兒子也在旁邊玩耍，因為是星期五，周六不必上班、上學，她就沒有催小孩去睡覺。

可能是小孩玩鬧的聲音太大，吵到老人家，公公從樓上走下來，很生氣地大罵，「都幾點了，還不去睡？」

怕公公又抓狂，阮清水趕快站起來，催兩個小孩趕快睡覺，可是兩兄弟玩興正濃，賴在地上不肯動，她急了，抓住手臂就打屁股。「還不趕快去睡覺，等一下我打死你們……」

公公看到她打自己的寶貝孫子，二話不說，走過來又甩了她一巴掌。

「你敢打我的孫子……」

挨打後，阮清水沒說話，立刻衝進房間，對正在看書的簡志宗，咬著牙說：「你爸爸打我第二次了，我現在要搬出去，我跟別人打架，都是我打人，沒有別人打我的，你爸爸竟然又打我……」

簡志宗嚇一跳，趕快說：「現在都半夜了，你是要搬去哪裏？」

「這附近不是有套房出租嗎？我現在就要搬出去住，而且以後再也不回來了。」

「現在都十二點多了，人家也休息了，要找也等明天再去啊！」

她想想也是，但因為心裏很氣憤，拉開門就走出去，在外面走來走去，不肯回家。阮清水已經不知道應該怎麼和公婆相處了，決心明天一早就搬出去，再也不要和他們同住。

平時公婆如果對她有什麼意見或說了什麼，她很少回嘴，大部分都是沈默以對，可是老人家反而誤會她是不理不睬，事實上是他們講的一些批評或生氣的話，她聽了也會難過，但是不能回嘴，怕自己情緒失控，口不擇言，所以才選擇沈默。

從小父母對她的教育，就是晚輩不應該跟長輩起衝突，來到臺灣，她也一直告誡自己：不要做一個不孝順、不尊敬長輩的人。

可是阮清水第一次挨打，是因為小孩，第二次挨打，又是因為小孩，只要罵小孩，她就會挨罵，只要打小孩，她就會挨打，偏偏她不敢更不會回嘴。

她灰心喪意，認為在這個家，沒有權利講話，一切都是公婆做主，她連教育小孩的權利都沒有，既然如此，乾脆放棄。她只是生孩子的工具，小孩就給公婆吧，她已經鐵了心要搬出去。

第二天早上，她立刻就去找房子，找到之後，回家整理好自己的衣物，真的就搬走了。簡志宗不放心，也跟著去看她找的房子，覺得還算安全，也簡單收拾了幾件衣服，想說先陪她在外面住一陣子，等她情緒好了再搬回去。

簡志宗安慰她：「你先冷靜下來，在這邊住一陣子，我也會陪你。」

阮清水淡淡地說：「我不可能再回去了。」

簡志宗低聲安撫：「沒關係啦，以後的事以後再說。」

這一次搬出來之後，後來又搬了幾次家，卻真的沒有再搬回去和公婆同住了。

原本就不想結婚的簡志宗，自從結婚後，從不想介入妻子跟公婆之間的問題，這段時間他也很煩躁痛苦，甚至想全部放掉，走的遠遠的。周旋在父母與妻子之間，裏外不是人，兩邊都充滿了抱怨，他不願意當傳聲筒，也不想解決他們三人之間的糾葛，除了各退一步，有什麼更好的解決方法嗎？

當父母抱怨：「你娶這個媳婦怎麼樣……」他總是淡淡地回應：「當初是你們一直逼我結婚的，又不是我想結婚，當初如果不娶，不就什麼事也沒有了嗎？」

父母被他說的啞口無言，他也懊惱自己當初不夠堅定，如果堅決不結婚，就沒有這些事情了，如今，又能埋怨誰？

在越南幫媽媽賣牛肉麵時，阮清水常要幫忙到半夜三、四點才能休息，因此養成當夜貓子的習慣。

晚上大家都睡覺了，她還在玩電腦，難免會吵到別人，加上小孩的管教問題，孩子嘻鬧也是很擾人，尤其老人家，早睡早起習慣了，被吵醒或睡不好，肯定脾氣也不太好。所以父親動手打人這件事，簡志宗也很難去評斷對錯，只能盡量安撫。

他做的是水電工程，忙碌一整天，汗流浹背、全身髒兮兮地回到家，好好洗個澡、吃個飯，家裏風平浪靜，就是他覺得最幸福的時刻。如果回到家，有一堆問題要處理，他會覺得心力交瘁；因此一有狀況發生，他都是選擇一走了之。

他希望家庭不要有爭吵，總有一方要懂得退讓，他願意做退讓的那一個，否則留在現場，不但不能解決問題，萬一脾氣上來，還能有和樂的日子嗎？

累歸累，經營一個家庭，到底要做到什麼程度，實在是如人飲水，冷暖自知。

簡志宗的底線就是，再怎麼痛苦、鬱卒，甚至想全部放掉，也絕對要負責任，決不做婚姻的逃兵。他認為承諾是一輩子的事，不能輕易丟掉承諾與責任，那不是他做人處事的原則。

打罵教育　撕裂親情

阮清水到工廠上班，從早上七點出門到晚上十一點才回到家，連續上兩個班，是為了賺更多的錢。兩個孩子都是簡志宗在照顧，只有國定假日或年節，才會全家一起出去走走。

如願搬出公婆家之後，雖然享有獨立的空間，可是她依然忙碌於工作，對於如何經營一個美滿的家庭，並沒有認真去思索。

沒有公婆盯著，她對小孩的教養方式更加嚴厲，動不動就揍小孩。學校考試如果考不到九十五分，就要挨揍；老師若在聯絡簿上寫了不好的事情，也要挨打，所以孩子都很怕她。

兩兄弟就讀小學階段，簡志宗都是騎摩托車接送他們。有時孩子因為考試沒達到媽媽的理想，想到回家會被毒打一頓，甚至曾想跳車不要回家，甚至異想天開生起「如果躺在路上被撞死了，就不會挨打」的念頭。

兩個小孩從小被打到大，阮清水拿到什麼就用什麼打，拿刀子、水管、甚至拿碗向孩子摔過去，到底為什麼要打這麼兇，她自己也不知道，只知道心裏很煩燥，不曉得能跟誰說話，因為老公總是不想溝通自顧自就出門去了，看到小孩不乖，她更加煩燥就會動手打，或許，是在發洩內心不明的怨氣。

尤其是老二，考試常常考不好，被打得很兇，甚至被趕出家門，在外面哭一整天不敢回家。阮清水甚至拿刀威脅：「你再哭看看，再哭我就殺了你。」

老二心裏有很大的陰影，連半夜睡覺都會驚醒，因為夢到媽媽要拿刀殺死他。

幸好簡志宗是個有耐性的人，從不打小孩，雖然有時兩兄弟玩鬧起來真的很皮很搗蛋，但他明白自己做水電工程的，力氣很大，如果真的動手打小孩，萬一力道沒控制好，會讓小孩受傷。

簡志宗的耐性好到什麼程度呢？有一次全家出去郊遊，老二大約十五分鐘就把飯吃完，去一旁玩了，老大吃飯慢吞吞，還邊玩邊吃，吃了一個小時還未吃完，阮清水氣炸了，當場直接揍小孩。

簡志宗看到她粗暴地打小孩，氣得站起來把碗用力摔到地上，但他沒有指責妻子，轉頭就走，表達自己的憤怒。雖然他不喜歡用暴力解決問題，但有一次兩兄弟吵得太兇還打架，他一時控制不了情緒，就動手打了小孩，可是手舉起來要打的時候，他還是頓了一下，因此力道減輕了。如果真的狠心打下去，小孩肯定會受傷，因此他不能不克制自己的憤怒。

阮清水對孩子的要求很嚴格，不只是功課要好，還必須有禮貌，不能講髒話，必須孝順父母，一定要會做家事等，所以家裏如果沒有收拾乾淨，她就會發瘋似地揍小孩。

可是這種思維，很容易在有點風吹草動時就受影響，例如她會突然打小孩，結果孩子被打的莫名其妙，然後才在挨罵聲中聽明白，原來是人家說了什麼，她以為自己的小孩做錯了，就先打再說。後來證實是誤會一場，但是孩子已無辜挨揍，只能含淚委屈地瞅著媽媽。

漸漸長大讀國中了，孩子開始懂得反抗。

「媽媽，每次回來你都在那邊一直念，要做家事做家事，很煩哪。」

「為什麼爸爸不做，都是我們做？」

阮清水如此要求孩子是有原因的。她認為訓練小孩的功課要好，是因為好好讀書，將來才能夠有好的工作；訓練小孩學會做家事，是希望他們結婚了，家裏的事不能都丟給太太做。而一個什麼都會、都願意做的人，才不會被人家看不起。

她記得，剛嫁來臺灣，每天工作結束回家，婆婆煮飯時，她就會幫忙洗碗，等大家吃完飯，她就默默地切好水果送到桌上。從前她就是個喜歡把東西分享給朋友的人，雖然自己不會做家事，總會盡量買東西回來送公婆以及小叔一家人，可惜常常被嫌浪費。

簡志宗請她早上七點要起來弄早餐，阮清水馬上說：「不行，我爬不起來，我要睡到十二點。」

簡志宗說：「你早點睡，不就可以早點起來了嗎？」

「可是我在越南幫忙賣麵都要忙到半夜，習慣這樣的時間了，早點睡也睡不著。」

公婆除了很生氣她這種夜貓子的習慣，也不能忍受她不關燈的習慣。因為阮清水很怕黑、怕鬼，晚上去哪裏都要開著燈，加上每次煮飯只能煮越南的口味，他們也吃不習慣。

阮清水只好說：「那我去學習做一些臺灣菜。」學是學了，結果是阮清水吃不慣臺灣的口味，只好自己放一碗醬油在旁邊，吃飯時就配醬油、辣椒。

通常用過晚餐幫忙洗碗後，阮清水就會回房間，除了語言不通，也有點害怕公公。婆婆是一個溫柔的人，不太會罵她，但是公公很會碎碎念，又經常罵髒話、罵三字經，她很怕公公發脾氣，幸好在小孩生下來以前，公婆對她都還挺好的。

不過做家事就難倒阮清水了，她小時候被當寶貝般寵著，還真沒做過家事，來到臺灣，才知道一個家有這麼多瑣碎的事情要做。

比如洗電風扇，公公看見她把整臺電風扇直接拿去用水沖，緊張地說：「你怎麼洗的，這樣會壞掉。」她茫然地問：「不然要怎麼洗？」「你要拆起來，然後……」

婆婆教她煮飯炒菜，但是她連瓦斯都不會開，學會之後，老是什麼東西煮乾了、什麼東西煮焦了，公公就會罵說：「不要讓她煮，會失火，很危險。」

簡單的擦桌子、洗東西，她做過了，婆婆都還要再做一次，她忍不住就問：「媽媽，我是不是哪裏做得不好？」婆婆無奈地說：「就算你擦過了，也還是不乾淨啊！」「為什麼？」「你一條抹布從頭擦到尾，都沒有洗，怎麼會乾淨呢？」

雖然婆婆沒有罵她，只是私下跟簡志宗抱怨，可是阮清水自尊心很強，感覺自己不管怎麼做，他們都不滿意，所以心裏很沮喪難過，覺得自己很沒用。

有一天晚上，她乘著大家都睡了，打電話回越南給媽媽，滿心的苦楚無從訴，只能任由情緒爆發。

「媽媽，你看你都不教我做家事，嫁來這裏我洗衣服、煮飯都被嫌棄，他們看不起我，覺得我是個沒用的人……」

兩人在電話兩頭哭得淅瀝嘩啦。媽媽從小寵愛捨不得她做任何家事，以為這輩子都能這樣呵護著她，怎知會嫁到臺灣那麼遠的地方，落的被人嫌棄。

因為自己的成長經驗，阮清水深深覺得孩子不能過度寵愛，因為以後的人生會怎麼發展都不知道。像她從什麼都不會的嬌嬌女，變成需要辛苦摸索學習一切，所以她更加嚴格教育小孩，甚至嚴厲過了頭。

有人質疑：「你怎麼對小孩這麼兇？你不愛他們嗎？」

或許是因為她很年輕就當媽媽，還不懂得如何拿捏教育小孩的方法，只是單純不想讓小孩長大後變成什麼也不會，加上公公、婆婆太溺愛孫子，老公也是不打不罵的，所以她選擇扮黑臉，說一就是一，二就是二，從不打折扣。

孩子曾經委屈地問：「媽媽，你總是打我兇我，是不是不愛我？」

阮清水默默地想，什麼叫做愛？給你錢、凡事順著你、不打不罵，就是愛你嗎？她不要讓孩子走和自己一樣的路，所以堅持寧願從小讓他們吃苦，以後才能吃得苦中苦。

在她的認知裏，小時候如果過得太優渥，長大以後就很難有什麼出息，被寵著愛著那是沒有用的，只有獨立才能堅強，只有堅強才能面對人生路上的挫折。

阮清水認為自己的觀念是正確的，然而太過極端的做法，卻讓兩個孩子離她愈來愈遠。

孩子覺得在媽媽身上從來得不到關愛，她聽了這些話也很難過，卻不知道要怎麼跟小小年紀的他們解釋——她從十五歲以後就吃了很多苦，面對外界的冷嘲熱諷，常常躲起來哭，所以她不希望自己的小孩變成一個太軟弱的人。

阮清水明白小孩不會喜歡有這樣的媽媽，可是她很擔心，小孩一直受到保護呵護，會像自己一樣，在挫折路上崩潰，看不清楚前方的道路，寧可讓他們早一點接受磨練，將來離開這個家，才不會怕一路上的荊棘。

朋友說：「可是你太嚴格，萬一他們心裏恨你，怎麼辦？」

「有一天他們會懂得我的苦心，也許就不會恨我了。小孩可以恨父母，但父母不可能恨小孩，就像我以前跟父母鬧脾氣，可是他們依然愛我，這就是父母心。」

最後，阮清水淡淡地說：「兩兄弟都是我懷胎十個月生下來的，母子曾經血肉相連，無論他們未來如何，我永遠都愛他們，就像父母始終愛我一樣。」

只要錢不要命

嫁來臺灣後，阮清水起初靠賣東西，一方面熟悉這個陌生國度，一方面也練習語言。後來，簡志宗同意她自己賺的錢可以自由支配後，她就打定主意把「拚命賺錢」當作唯一目標。

她去工廠當作業員，遇到一些越南同鄉，她覺得越南人來到臺灣之後，反而不好相處，於是辭掉工作，想找一家沒有越南人的公司。

當時五股工業區有家塑膠工廠缺人，她得知這裏越南人比較少，就去應徵。當時勞基法不受重視，勞工朋友都是工作賺錢擺第一，阮清水選擇上兩個班，從早上八點做到晚上十一點。

第一年遇到全廠大掃除，她不曉得桌旁的布巾沾上了油，拿起布巾擦拭機臺時，「砰」的一聲，整座機臺瞬間著火，同事們一陣尖叫。

「怎麼燒起來……」

「清水的衣服著火了，天啊……」

阮清水的頭髮、衣服、手臂被熊熊烈火燒傷，緊急送到醫院。手臂到手掌都嚴重燒傷，醫師不得已割大腿的肉進行植皮，叮嚀至少要休養半年，但是才過了一個多月，她就堅持要回工廠上班。

簡志宗問：「工廠不是讓你休息半年嗎？為什麼現在就要回去？」

阮清水不甘心地說：「我本來上兩個班，一個月可以賺五萬多元，現在受傷休息，只能拿到基本的底薪一萬多元，不划算。」

簡志宗擔心說：「問題是你手都還沒復原，怎麼工作？」

阮清水反問：「那你要給我錢嗎？如果你給錢，我就不回去上班。」

簡志宗很無奈，他哪有辦法每個月給她五萬多元啊？況且這些錢是全部寄回越南，他相當不認同。他知道妻子個性執拗，一向我行我素，這次又堅持回去上班，他想了想，算了，索性不理了。

阮清水包著繃帶，忍著疼痛上工，真的是為了錢，她什麼都不在乎，結果，回去工作不到一個星期，左手又被機臺壓傷了。其他同事得知她又受傷，紛紛感嘆阿水今年流年不利。

這一次的壓傷，她只休息了半個月就又回去上班，簡志宗又氣又無奈，「你這麼愛錢，賺死算了。」

阮清水反唇相譏：「你都不給我錢，你就抱著錢死好了。」

她被燒傷躺在床上時，簡志宗照顧得無微不至，本來阮清水是很感動的，可是一講到錢，那分感動就煙消雲散了。

老闆擔心她帶傷上班，政府機關查到會罰款，堅持要她休息。阮清水反過來威脅老闆：「不行，如果你叫我休息，我就去告你，一定要讓我工作，因為我要賺錢。」

直到工廠制度更改了，她覺得不適應，才轉到一家零件工廠上班。在這裏，她做的很開心，覺得主管和同事好相處又善良。後來，她到慈濟做志工，零件工廠的主管和同事很多都成為她的慈濟會員。

然而，零件工廠不同意她兼做兩個班，不能多賺一點錢，所以當堂妹問她要不要去賣檳榔，可以從早做到晚，兩個班十六小時，一個月也能賺五萬多元，她立刻就答應了。

但是檳榔要怎麼賣？老闆就教她：「你長得漂亮，一定能賣得好啊，你就撒嬌一點，跟客人說：哥哥啊，來買檳榔……這樣就可以了。」

為了賺錢，阮清水打從心底說服自己，努力學習怎樣撒嬌？她穿上清涼的衣服，化了漂亮的妝，嗲聲嗲氣地對著客人說：「哥哥，來買檳榔，可愛的哥哥，吃檳榔啦，吃健康又提神喔……」

她做事認真，效率好，老闆娘特別喜歡，還說：「這個新手很三八、很會講話，比她堂妹賣得好。」因為嬌聲細語，有些客人會暗示她，想要跟她做朋友，約她出去吃飯。

阮清水會問：「你有沒有錢？」

客人：「啊，要跟你做朋友而已，還要有錢啊？」

阮清水不客氣地說：「對，一百萬先拿來再講。」

惹得堂妹每次都笑她，把客人嚇跑了，她理直氣壯地說：「跟我買檳榔很好，但不要想吃我豆腐，這些臺灣人最討厭。」

堂妹問：「為什麼你討厭臺灣人？」

她皺著眉說了：「我家裏都是臺灣人，都很難相處。我老公也不給我錢，我最討厭他們了，才不要再跟臺灣人在一起。」

阮清水沒有想到，一個賣檳榔的工作，會讓她有機會翻轉人生。也沒有想到，最討厭的臺灣人，會變成她最想感恩的人。更沒有想到，結束賣檳榔的工作後，她會鄭重跟自己說：「現在已經沒有阮清水這個人了，阮清水已經死掉了，我要重新為自己而活。」

孝順難兩全

身為長女的阮清水，一直認為自己對越南家人有一分責任，除了自己賺來的錢，連老公做水電工程時剩下來的電子鍋等電器類，都會想辦法帶回去越南。

簡志宗總是數落她：「為什麼要帶這些東西上飛機，很累耶！」阮清水總討好地笑著回說：「不會啊，我還扛得動。」

簡志宗沒有阻止過她，關於這一點，阮清水是感動的，一直覺得老公對她真的很好。雖然越南當地也買得到這些東西，可是比較貴，且為了讓家人安心，阮清水都會說：「這是我公公、婆婆給的，這是我老公送你們的。」希望他們覺得她在臺灣過得很好，不會擔心。

帶回去的東西使用多年後，有些雖然已經壞掉不能用了，父母還是會留下來，捨不得丟掉，阮爸爸說：「我要留著做紀念，每一個都是我女兒的愛心。」

她沒說話，心裏卻輕蕩起一陣溫暖。

但是，當爸爸做生意再度失敗，家裏再度一無所有的時候，她多年來的努力，彷彿又是一場空。

奮鬥目標　瞬間崩解

阮清水的兩個兒子只相差一歲，小時候兩兄弟感情很好，慢慢長大後，個性愈來愈不一樣，打架、吵架是家常便飯，吵完了打完了，就找阿公、阿嬤訴苦，結果挨罵的總是她。

公公常怒氣沖沖地責怪她說：「你都不會顧小孩，你到底是怎麼當媽媽的？」

「你的錢都拿去哪裏，給小孩的零用錢太少，他們怎麼夠用，還要我幫你養？」

全家都知道，阮清水所賺的錢幾乎都寄回越南，公婆幾次明白地告訴她：「你把老公跟小孩照顧好就好了，不要心裏只有你越南的家人，也不能把錢全部拿回去。」

公婆的本意是希望她能多花時間用心經營臺灣的家，可是阮清水聽不進去，只覺得他們想要阻止自己照顧越南的家人，心裏憤憤不平地想：「你們也沒有什麼東西給我，也沒有對我很好，根本把我當成外人，如果我連自己的親生父母都不顧，那我還是他們的小孩嗎？怎麼可以叫我做一個不孝順的人？」

她自許是個孝順的女兒，也一直堅守為人子女應有的責任，不論別人怎麼說，越南的家人永遠是肩上甜蜜的負擔，是她心甘情願奮鬥的目標。

二〇〇八年的某一天，在臺灣的阿姨提起：「你知不知道你爸爸、媽媽的房子要賣掉了？」

她嚇一跳，趕快問：「為什麼要賣掉？那是我買給他們的，怎麼可能賣掉？」

她根本不相信，當初存夠錢讓家人買房子，也還清了負債，不必再到處搬家、躲債主，這種平靜的生活就是他們想要的，爸媽不會無緣無故賣房子，她只當阿姨是道聽塗說，沒有把這件事放在心上。

那一年四月，阿嬤往生了，爸爸問她要不要回家？曾經遺憾錯過阿公喪禮的她，匆匆忙忙趕回越南送阿嬤一程，她想到兩個老人家最後都因生病無法安享晚年，內心有些自責自己做的不夠好。

後事辦好之後，她本來準備回臺灣了，卻發現家裏有些不尋常。

親朋好友偷偷暗示她：「你爸爸欠人家錢，所以要賣房子喔！」阮清水私下詢問媽媽是不是真的？見媽媽支支吾吾刻意隱瞞，她的心涼了半截，改向親人查探，才知道爸爸去學做不動產、買賣土地，結果錢全被套牢，又欠下一屁股債。

頓時，阮清水感到手腳一陣軟，彷彿失去了力量。在她眼裏，爸爸是個工作認真、照顧家人、頂天立地的好男人；可是一次的生意失敗，已經負債累累，竟沒有記取教訓，又重蹈覆轍。她對爸爸的景仰，在一夕間全破滅了。

「我這麼努力、這麼拚，不就是為了償還你們生我、養我的恩情嗎？為什麼那麼不知足，為什麼不好好過日子，又把家裏搞成這樣？」媽媽想替爸爸說話，讓阮清水更加生氣：「爸爸變成這樣，你也要負責，因為你什麼都順著他……」

為了讓家人過好日子，她把賺的錢全部寄回家，從不過問錢的用處，她相信父母一定會好好利用這筆錢，哪裏知道，一切又回到了原點。

阮清水心灰意冷，跟家人大吵一架後，再也不想回這個家。或許是心裏徹底失望造成了行為上的反差，她每天早出晚歸找朋友玩，逃避現實，不想管家裏的事，也不想回臺灣。

父母關心詢問她去哪裏，她都不理不睬，還故意講一些難聽的話讓父母生氣。

阮清水心裏充滿沮喪和怨恨，茫然覺得這麼多年的努力竟然是一場空，對人生也充滿了失望，讓家人過好日子的期待瞬間瓦解。那一刻，她決定再也不要忍耐了，再也不要辛苦了，她要對自己好一點，要把辛苦賺來的錢，自己花掉。

留在越南的三個月，平時省吃儉用的阮清水，突然變得浪費、愛玩、什麼都不在乎。其實父母從未主動跟她開口要錢，是她自己為了回報父母的恩情，才想方設法賺錢寄回家，既然最後還是回到原點，她決定再也不要拿錢回家了。

她跳舞、唱歌、大笑，內心卻像行屍走肉般空虛，那一陣子，她感覺自己走進地獄，靠不了岸，抓不到邊，她恨臺灣的家，更恨越南的家，不知道自己活著到底是為了什麼？什麼才是人生的快樂？許是失去了奮鬥的目標，她的生命像枯萎的花朵，一天天凋謝。

「我再也不要為任何人犧牲，再也不要為任何人付出，我只要為自己就好，臺灣人不是說人不自私，天誅地滅嗎？」

三個月後，她不情不願地回到臺灣，卻一有空就和朋友到處去玩、出國、買名牌包、穿名牌衣、唱卡拉ＯＫ，甚至和老公吵著要離婚。

她認為自己是為家庭犧牲才嫁來臺灣，覺得公公、婆婆不喜歡她，老公不愛她，孩子也不想親近她，臺灣的生活對她而言，完全沒有意義，充其量她只是個生小孩的工具而已，沒理由留在這個陌生的土地？

因為這種悲情且負面的想法，她把心門關了起來，看不到周遭的善意，一心只想離婚，離開這裏。

婆婆知道後就來找她談：「你們怎麼可以離婚呢，這樣兩個小孩怎麼辦？不可以這樣……」見她的反應冷漠，婆婆講著講著就哭了，她擔心孫子沒有媽媽。

簡志宗是個很有責任的人，當初娶了阮清水，就沒想過要離婚，他認為夫妻之間本就應該相互體諒包容，更何況又沒有什麼大不了的事，非要離婚不可，他也不想讓小孩沒有媽媽，所以對於她的吵鬧，一逕採取沈默的態度不予理會。

兩個兒子比較黏爸爸，因為爸爸不會打人，也會帶他們出去玩，而媽媽太過嚴厲，打的兇，和媽媽就不太親近。

阮清水離婚不成，也不願意待在家裏，不是早出晚歸去賣檳榔，就是出去玩，和家人的關係愈來愈疏遠。孩子只覺得媽媽很懶惰，不是出門就是在睡覺。

阮清水是個不喜歡解釋的人，兩個兒子與其說是她的，不如說是公公、婆婆的。她覺得在公婆的教育下，兒子們不會喜歡她，也不會愛她，說不定心裏還會看不起媽媽是越南人，所以對待兒子們的態度也是疏疏離離的。

夫妻關係、親子關係降到冰點，勉強煎熬拖著好幾年過去了，情況開始有一點轉變，是因為阮清水接觸了慈濟。

第一次帶兒子去兒童精進班上課，她才有機會專心地看著兩個兒子的模樣，他們的童言童語、表情、動作……瞬間，她紅了眼眶，第一次感覺到，這是她的小孩，是她懷胎十月辛辛苦苦生下來的，就算他們不愛她，但她怎麼能不愛自己的孩子？

愛恨糾結　苦了父親

以前父母來臺灣玩，阮清水總是想給他們看到最好的一面，盡力表現所有人都對她很好，家庭生活美滿幸福，如今她不想再假裝了。她用旅遊的名義請爸爸過來臺灣，等人到了臺灣，就把他的護照藏起來，不讓他回去。

阮爸爸想要回護照，她冷漠地說：「你在越南欠了那麼多錢，回去做什麼？」

阮爸爸堅持要回自己的家。

她淡淡地說：「好啊，那你把我之前寄回家的錢通通還給我，就讓你回去。」

阮爸爸沈默沒說話。

她又說：「如果拿不出來，你就要留在這裏幫忙我做事情，來償還我之前寄回家的錢。」

除了心中生悶氣，其實她是不想讓爸爸回去跟那些酒肉朋友鬼混，加上阮媽媽也不希望他回越南，因為很多人會來家裏討債，暫時避避風頭也好。依規定，外籍配偶的父母來臺探親可以停留九十天，阮爸爸的證件被女兒拿走了，他只能暫時留在臺灣。

知道阮清水在檳榔攤工作，爸爸有點驚訝，他一直以為女兒過的很好，應該是丈夫養著，每天都輕輕鬆鬆開開心心才對，沒想到這麼辛苦。阮清水則因為心中怨恨難平，每次和爸爸說話總要刻意刺傷他，發洩自己的怒氣。

阮爸爸建議：「你可以自己開店當老闆啊，以你的能力應該會做得很不錯。」

阮清水冷淡地說：「為什麼要聽你的，你說的話都沒什麼用。」

阮爸爸無奈地說：「我是為你好，怕你太辛苦。」

阮清水聽了更生氣：「你現在知道我辛苦了，看你又把家裏搞成那樣，我再也不要幫你，所有欠的錢你自己還。」

阮爸爸小聲地嘀咕：「我又沒有說要你幫忙還……」

阮清水故意安排一堆事情給他做，而且不給他錢。沒想到阮爸爸還滿認命的，除了她安排的事情，也很主動幫忙打掃、煮飯、照顧小孩。能屈能伸的個性，讓簡志宗頗為驚訝，他覺得這個丈人很風趣又勤勞，扛重物、做雜事都不喊苦，打破了他對越南人的刻板印象。

簡志宗記得剛到越南時，曾看過一些男子從早到晚躺在屋外的涼椅上，抽菸或者喝咖啡，早上經過看到是這樣，下午經過看到還是這樣。阮爸爸的表現，讓他對越南男人完全改觀。

儘管阮爸爸認命做了許多事，阮清水還是動不動就說話傷他。有一個阿姨後來也嫁到了臺灣，她就酸說：「你看，又為了家人嫁到臺灣了，到時候那些結婚的首飾金飾，又被你們通通拿走。」

阮爸爸很無奈：「一定要把我講成這樣嗎？我有這麼壞嗎？我是這種人嗎？」

她心裏當然知道父母不是這種人，可她就是生氣。

面對女兒的酸言酸語，阮爸爸雖然覺得委屈，但總是沈默居多，有一次終於忍不住回應：「你為什麼會變成這樣子呢？你說我拿你的錢，可是自從你嫁到臺灣，我們從來也沒有開口要錢啊，都是你自己一直寄回家，我反而希望你可以好好照顧自己就好，我們有誰跟你要過錢嗎？」

阮清水忍不住歇斯底里地說：「因為我想要孝順你們，想要讓你們過好日子，你知道我這幾年工作有多辛苦嗎？」

阮爸爸嘆氣道：「我們也不希望你這麼辛苦，只希望你嫁到臺灣可以過好日子，是你自己要這麼做的，為什麼還抱怨我們呢？」

面對情緒失控的女兒，阮爸爸也不知道該說什麼。他的個性一向溫和，知道女兒心中的委屈，所以在臺灣的這段日子裏，他選擇逆來順受，默默忍受女兒的怒氣和抱怨。

認養獨居老人便當

加入慈濟志工後，阮清水辭掉檳榔攤的工作，跟簡志宗商量，想開一家越南小吃店。簡志宗本就不贊同妻子去賣檳榔，也明白她「死要錢」的個性，肯定講不聽，也就隨她高興了。

現在阮清水主動提議換工作，簡志宗樂意協助出錢開店。本來這家小吃店，阮清水是希望和老公一起經營，但是不到一個月，簡志宗就受不了了，因為天天被綁在店裏非他所願，而且賺的錢不多，他覺得還是去做水電工程比較賺錢，就不再來店裏了。

阮清水只好請阮爸爸和其他人來幫忙，在越南的媽媽知道了，因為不放心也趕來臺灣協助，畢竟開小吃店她比較有經驗，阮媽媽還跟阮爸爸說：「你不要讓她自己顧店，她脾氣不好，以前在越南開店時，她就常常跟客人吵架……」

阮清水啼笑皆非，都已經是十幾年前的事了，媽媽還記得。不過幸好有父母幫忙，小吃店的生意逐漸上軌道，穩定了下來。

由於父母來臺灣，和他們一家人住在一起，兩個兒子就騰出一個房間給外公、外婆。有一天，兩個兒子吵架了，吵著要把對方趕出去，就跑到阿公面前訴苦。公公知道了很不高興，馬上要求阮清水請父母搬出去。

她既生氣又難過，心想：如果我是他女兒，要把他趕出去，他做何感想？阮媽媽安慰她：「沒關係，老人家就是這樣，你不要多想，我們再另外找房子就好。」父母要她順著公婆，不要多起事端。後來，阮媽媽先回越南了，但她依然堅持阮爸爸要跟他們一起住。

兒子讀中學時，有一天跟她說學校缺導護志工，問她要不要去？所以她就加入導護志工的行列。志工媽媽聚會時，有人提到為獨居老人送餐，現場也有人捐款，她心想：這個我也可以來做啊！就跟負責的志工說，她也想要幫助獨居老人，對方以為她只是隨口說說，遲遲沒有跟她聯絡，直到她又問了一次，才給出名單。

阮清水著手計畫送便當事宜，她想既然要訂便當，不如由自己的越南小吃店來做，而且是請阮爸爸做。

其實還在賣檳榔時，她就會一邊包檳榔，一邊聽《觀世音菩薩普門品》和《大悲咒》，慢慢的，那種因為不甘願而導致的怨恨，早已逐漸平息下來。

兒子曾經嫌吵，問她為什麼要一直聽經？許是為了那分平靜後的快樂吧！她認為只有內心真正平靜下來，才不會活在憤怒裏。

所以，阮爸爸在小吃店幫忙時，她已經不會再動不動就講話刺傷他，對於爸爸的付出，她是看在眼裏的，像家裏一些零零碎碎的開銷，都是阮爸爸主動去買、去做，沒向她要一毛錢，任勞任怨的付出，像在償還女兒對原生家庭的犧牲。

而阮清水也早就不再生氣，不再埋怨了。回頭仔細想想，是她心甘情願把家庭責任扛在肩上，父母並沒有要她犧牲，也沒有要她為了錢嫁到臺灣，更沒有要她拚命賺錢寄回家，既然都沒有，能怨誰呢？既然是自己決定的事，應該負責任的是自己，不是要求別人。想通了之後，她的態度開始變得柔軟了。

阮清水叮嚀爸爸：「你幫我做獨居老人便當，每周要做一百五十個，我認養的，我會自己付錢，不會讓你出錢。」

爸爸疑惑地問：「一百五十個，那要很多錢，你哪來的錢？」

阮清水解釋說：「我現在還有找到打掃的工作，可以一邊去打掃賺錢，一邊經營做小吃店。」

說起打掃的工作，對阮清水而言，並非工作本身，而是動機。

她在大愛電視臺看到一個「超級臺傭」的故事，描述主角陳美玉小時候生活很窮苦，父母早逝，結婚後是單純的家庭主婦，生活裏只有家人，直到聽了證嚴法師講述慈濟的「緣起和展望」後，心裏生起也想要做善事的念頭，但是自己什麼也沒有，為了賺錢，她白天幫四戶人家打掃，晚上還去補習班做清潔工，賺來的錢全拿去做善事，她希望自己也有捐錢幫助別人的能力……

陳美玉讀大學的女兒，念的是傳播學系，她將媽媽的工作拍成紀錄片，結果透過影像拍攝，看到媽媽努力認真、慈悲善良的身影，覺得媽媽把打掃的工作當成修行，盡力做到最好，感到很驕傲。她將「超級臺傭」的紀錄片，送給媽媽作為母親節禮物。

阮清水被深深震撼了。她想：既然陳美玉能做得到，那我一定也能做得到。

一開始也沒什麼客戶，是志工介紹她去幫人家打掃，還教她要把別人的家當作自己的家，這樣才能做到最好；就像自己工作一整天，回到家裏已經很累了，看到乾乾淨淨的環境，心情也會很好，用同理心才能把工作做好。

她當時一個月打掃的收入大概有六、七萬元，因為接了很多地方的打掃工作，地點涵蓋天母、土城、士林等，早上跑一戶，下午跑一戶，其中還有一戶是打掃完後，再幫忙煮晚餐。

她很有規畫地把打掃賺來的錢分配好——獨居老人的便當、買點心、用家人的名義布施。其中，買點心這一項，也是她私底下的溫情付出。很多越南姊妹出外工作不方便，阮清水會請她們煮甜點賣給她，有時拿去送獨居老人，有時和人結緣，用這樣的方式幫助生活困頓的越南姊妹。

有戶打掃人家看她這麼努力，問她為什麼要這麼拚命賺錢？知道她賺這些錢竟然是要行善布施，驚訝之餘竟跟她說：「認養獨居老人的便當錢，我跟你一人一半。」

她賺的錢是足夠支付這些，但人家有行善的愛心，收下都來不及了，怎麼可以拒絕，她高興地說：「謝謝老闆愛心。」

當時一個便當六十元，一週一次，需要八千四百元，一個月四次，就要三萬多元。她的想法是，想布施想幫助人，要自己去賺，不能影響到家人的生活。因為證嚴法師說過，「想要付出愛心，家裏也要先照顧好。」認養獨居老人是她個人的事，所以她從不跟丈夫拿錢。

她頻繁地做志工、捐款，公公常會碎碎念：「你每天捐捐捐，在慈濟做這麼多，其他的為什麼不做？」她覺得也有道理，所以接下獨居老人的便當，當作是回饋社會的一種方式。

沒想到，打掃的幾戶人家，有的家裏老人需要照顧，便請了外籍幫傭，就不需要她再去打掃了，最後只剩兩家，收入遽減，每個月賺不到兩萬元。

怎麼辦？這些錢還不夠每月買便當給獨居老人，此時她才慶幸有一戶老闆願意認養一半的便當錢。她想辦法接大樓社區打掃工作，但是機會不多，因此空下來的時間就努力尋找有什麼點心可以學習來賣。

剛開始，阮爸爸不清楚女兒的狀況，照例會跟她拿買米、買菜的錢，後來知道打掃的收入減少了，心想女兒的錢應該不夠用，就再也沒有跟她要過便當錢了。

因為阮爸爸在小吃店幫忙，女兒都會把店裏每個月賺的錢給他，他索性就拿這些錢去買米、買菜，把女兒的愛心堅持下去。

阮清水看在眼裏，頗為感動，知道越南那邊還欠人家一百多萬，她是鐵了心不管，決定讓家人自己慢慢存錢去還。她明白以前的付出，反而是一種相互拘束的小愛；孝順的方式有很多種，用家人的名義布施，為他們祝福，這才是大愛。對家人，她慢慢學會放手，不再抓得那麼緊，或者期望人家對她多好。

有時她去做志工，忙得不見人影，或者把賺來的錢全捐出去，父母看在眼裏也會有意見。

阮清水解釋：「如果我沒有去做志工，就會像之前一樣，只知道賺錢，或者到處去玩，人生其實很空洞、沒有意義；如果我不捐錢，也會像以前那樣，花在玩樂享受。你們覺得以前的我比較好，還是現在能去服務別人比較好？這是我孝順你們的方式，把你們給我的生命和愛，去奉獻給社會。」

「爸爸，您選擇吧，看您是希望大家都感恩你生了這個女兒，還是您要一個只知道玩樂享受的女兒。」

爸爸、媽媽這才沒再念她，後來阮爸爸甚至會跟阮媽媽講：「ㄟ，你女兒現在不一樣了，她現在跟的這個師父很好，改變這樣很好。」

之前，阮爸爸曾抱怨她的脾氣：「你們學佛的人，到底是在學什麼呢？脾氣這麼不好，我沒有學佛都很少生氣，也不會對人大小聲，可是你都這麼兇，你跟你媽媽都學佛聽經，結果脾氣也沒有比較好……」

這句話讓她有很深的反省，也時常提醒自己要改掉不好的習氣。

由於小吃店當初是簡志宗付錢開店，阮清水後來請人輪流幫忙，小吃店慢慢賺錢了，她就用分期付款的方式，把當初開店的錢還給他，因為她清楚即使是夫妻也要明算帳，她不喜歡虧欠的感覺。

學會種善因結好緣

剛來臺灣的阮清水，本以為遇到越南同鄉一定會很開心，沒想到剛好相反。因為同鄉姊妹們聚在一起時，竟然都在比較誰的老公更有錢，誰穿的衣服是名牌……她聽了覺得很煩，自己並不是為了享受才嫁來臺灣，加上個性好強，不喜歡別人亂傳是非，受不了時就會和人吵架，甚至打架。

最嚴重的一次，是有個人來她家聊天，聊著聊著竟問她是不是平時都愛買金飾、買幾千元的耳環、名牌衣服、老公每月給多少錢花等。阮清水一聽氣死了，老公根本沒給她什麼錢，她賺的錢都寄回越南了，哪有錢買名貴奢侈品。

那時候阮清水剛懷孕三個月，兩個人愈吵愈兇，你抓我、我推你，便打起來了。後來阮清水到警察局去，告對方傷害。

簡志宗接到消息趕去警察局，對方的老公也來了，其實都是認識的朋友，雙方就各退一步，撤了告訴，此後再也沒有往來。

阮清水愈想愈氣，不但私下不再和越南同鄉往來，就連找工作也盡量避開。後來進慈濟做志工，她學會了放下身段，改變習氣、脾氣後，懂得包容和體諒，反而和越南同鄉以姊妹相稱，相處融洽。

許多越南姊妹的婚姻都狀況百出，她替她們擔心，也意識到應該要想辦法解決困境，例如她苦勸小麗無效，又心疼婚姻若是破碎，小孩將變成單親，她想到以前的自己，決定改用激將法來提點小麗。

「你當初不是說很愛他，所以希望他也愛你，好不容易你們結婚了，你現在只要顧小孩，又不用出去工作，輕輕鬆鬆，老公又對你很好，為什麼還要離婚？」

「我自己有錢，又不需要靠別人。」

「如果今天是你出去工作賺錢，靠自己的能力養活自己，我會很敬佩，可是你只是在家裏帶帶小孩，是老公養你，有什麼了不起？」

「我知道你講這些話是為我好，但是聽起來實在是很不舒服。」

「你說你有錢，都是自己賺的嗎？你有本事就自己賺錢給我看，你都靠你老公，有什麼好驕傲的？」

「姊姊，你是慈濟志工，還跟我講這種話？」

「我就是要跟你說實話，像你這樣靠老公養，還說自己有錢，還想離婚，我就很看不起。」

「你是做志工做愛心的人，為什麼講話就像拿一把刀插在我胸口一樣，很痛，你知不知道？」

阮清水知道說這些話很傷人，但她了解小麗的個性，所以想激起小麗那股不服輸、不想被人看扁的鬥志。

想當年，她也是跟老公吵著要離婚，如果沒有接觸慈濟，她絕對會離開這個家、離開臺灣，現在不知道過什麼樣的人生了。因此，如果老公對她們還不錯，她不希望這些越南姊妹選擇離婚，如果這些不好聽的話能夠打醒她們，家庭能夠和樂，她會覺得很值得。

後來，小麗沒有離婚，也許是因為不想被看扁，她把婚姻經營得更好，還生了第二個寶貝。

常常有人跟阮清水說，要用愛的教育去說服、感化人，可是她覺得要看情況，她不怕人家誤會，但求心安自在就好，只希望對方不要在人生道路上走錯。

阮清水明白，說重話傷害人家的自尊心，對於學佛者而言，是不對的行為，會與人結不好的緣，種下因果，不能不慎。所以她提醒自己，不能再用這類的激將法去幫助別人，否則會造下惡的因緣。

讀書時，阮清水就遇過許多是非，還因這些是非造成了許多誤會，和同學吵架、甚至打架，結下不少惡緣。進入慈濟後，聽到證嚴法師開示四種惡業的可怕，惡口、妄語、綺語、兩舌，幾乎都和搬弄是非有關，她每想到總是提醒自己，事情一定要問清楚，不可聽信傳言與一面之辭。

因此，若是聽到關於自己的不實謠傳，她會反問對方：「請問你是聽誰說的？」

「你不用知道誰說的，反正就是有人這樣講。」

後來，她就直接告訴對方：「如果你不說清楚是誰講的，我會認為這些話就是你講出來的。」

「你為什麼對我這麼兇，我只是好意來告訴你。」

「你如果真的好意，就把對方叫過來講清楚，不要把話傳來傳去。」

「那是我聽說的……」

「你不要再聽說了，話講出來是有責任的，你不明白嗎？」

很多人勸她要柔軟一點，說話不要這麼直接，她卻覺得「是非亂傳」

這種事沒辦法柔軟。大家都想當好人，以為在背後傳話就沒事，就不會傷害別人，她卻堅持做人做事不能假仁假面，要正正當當、坦坦蕩蕩。

就像加入慈濟之前，有人對這個團體有很多懷疑和誤解，她以打破砂鍋問到底的精神，懷疑什麼就問什麼，想要釐清問題背後的真實面貌，她認為自己一定要把問題都理通，才能回答別人的疑問。

「就像上人講的：『一理通萬理徹。』我不通，怎麼徹？」

所以，加入志工培訓上課時，她經常舉手發問，曾被人誤會她喜歡搶鋒頭，其實她只是想把遇到的問題通通問清楚而已。

「我有很多的為什麼？問清楚了，才能去跟人家講，直到現在，我還是不斷精進，不斷在尋找問題的答案。」她一直警惕自己，不要被四惡業挑撥，否則就很難聽見真正的聲音了。

一笑泯恩仇　釋前嫌

阮清水當初嫁到臺灣，並沒有讓朋友或那些追求者知道，直到自己放下心結，才重新和朋友們聯絡。

第一次高中同學會，她就遇到阿娟了，那個和她打了幾次架、也被退學的女生。同學已先告訴她阿娟的情況，希望她們能和好如初。

兩人多年不見，再度相遇有點不好意思，阮清水故意問：「你為什麼一直看我？我現在是不是更漂亮了？」

阿娟瞪她一眼：「才怪，你變胖了。」

兩人哈哈大笑，瞬間打開話匣子。

阿娟問：「你為什麼會嫁到臺灣？」

阮清水無奈地說：「因為家裏很窮啊，沒有辦法，最近聽說你身體好像不太好，有什麼我可以幫忙的嗎？」

阿娟淡淡說：「也還好啦，就是那樣。」

兩人相互訴苦後，氣氛就熱絡了。有人好奇提起當年為何打架的事？阿娟說：「我就是聽誰說清水講我壞話啊！」

阮清水笑笑回應：「你都是聽別人講，都沒有來證實。」

阿娟也很懊惱：「就是啊，不知道年輕的時候為什麼那麼笨，去聽人家講那些有的沒有的，才會造成誤會。」

講起年少輕狂時，大夥兒有一籮筐的話說。想起當年阮清水的霸氣，同學們你一言我一句地酸她：「以前我好討厭你，因為你很傲慢。」「對啊，都看扁我們，不喜歡我們。」

阮清水趕緊賠罪：「對不起啊，我以前那麼傲慢，態度不好，請大家原諒。」

回想起年輕時候，這群都已經當媽媽的同學，又是笑又是淚，真的全都放下了。其中有一個同學還當了老師，阮清水開玩笑說：「以前那麼愛打架，竟然還能當老師？」

這樣的同學會，讓阮清水感到快樂歡喜，她開始做志工後，就希望每天淨化自己的心，學習心平氣和看待事情。佛法改變了她的人生，她看事情的角度開始不一樣了，從前她認為日子過得很苦，心裏充滿哀怨與憤恨，茫然沒有方向，現在只想走好志工這條路。

每次回去越南，她一定會募心募款，希望更多人體會佛法的奧妙，付出愛心的喜悅。一開始朋友還覺得奇怪，不知道臺灣有這個慈善團體，知道慈濟心繫天下，也幫助許多越南人，大家都踴躍捐款支持。

阮清水回憶輕狂傲慢的少年時光，對比現在積極行善的心境，她很慶幸，菩薩沒有放棄她，指引她走上翻轉人生的大道。

雲開見月明

在家境富裕的時候，阮清水曾經有過夢想——將來讀完大學，要繼續攻讀研究所……她希望成為律師或者醫師，因為當醫師可以救人，當律師可以為人爭取公平正義。後來父母破產，她什麼夢想都沒有了，只剩下無盡的責任。

來臺灣十多年，最初有人要找她去做志工時，她立刻問：「做志工，有錢嗎？」

對方搖搖頭，她立刻回絕：「沒有錢？那不要來跟我講。」

沒想到，在她深陷命運的漩渦，載浮載沈之際，做志工竟成了一塊浮木救她上岸，讓她重燃夢想的熱情，把她對這個世界曾擁有的愛，重新散播出去。

人云亦云　心有疑問

堂妹從越南來到臺灣後，阮清水總會特別照顧她。有一次，堂妹上班的檳榔攤缺人，她問阮清水要不要一起來做？當時檳榔攤可以一次做兩個班，一天工作十六小時，可以賺更多錢，阮清水就答應了。

開始賣檳榔後，有一個越南姊妹阿柔常來找堂妹，說是要幫慈濟功德會勸募善款。阮清水對越南同鄉印象不好，連帶地也不喜歡這個叫「慈濟」的團體。

阮清水還提醒堂妹：「不要信那麼多啦！說不定是騙人的。」

堂妹解釋：「那是電視裏面的大愛啦，是真的，不會騙人。」

阮清水一臉茫然問：「電視裏面有什麼大愛？」

堂妹打開電視頻道說：「就是這個大愛！」

她才弄清楚，原來堂妹講的是大愛電視臺，說這個就是「慈濟」。

阿柔常鼓勵姊妹倆可以邊工作邊收看大愛電視臺，後來堂妹就跟阮清水說阿柔的故事。

阿柔因為先生外遇所以離婚，獨自照顧三個小孩，日子過的很辛苦，在異鄉舉目無親，只能靠著慈濟等愛心團體和政府提供的協助。她白天去做打掃工作，晚上照顧小孩，平時有空就去慈濟園區做環保，回饋社會的幫助。

阿柔常鼓勵她們加入慈濟會員，每個月捐一百元做愛心，堂妹說好，問阮清水要不要一起加入？她想，反正一個月才一百元，就算是給堂妹一個面子。

阿柔想帶她一起去做環保，她一口拒絕說：「我捐錢就好了。」

阿柔不再多說，下回來帶了《觀世音菩薩普門品》送給她，和她聊起了佛法。阮清水本來就信仰觀世音菩薩，工作時，會一邊聽越南版的經文；休假時，也會去龍山寺拜拜。當阿柔介紹佛經時，她欣然接受。

不過，她打心裏不喜歡這個人。她疑惑阿柔每個月做打掃工作才賺一萬多元，還常常捐錢或去做志工，這樣怎麼應付家裏的開銷？

阿柔說：「有政府的補助，日子還可以啦！」

阮清水不解地問：「你每個月賺這麼少，還一直去做愛心，這樣很不負責任，不能靠自己的努力照顧家庭，卻靠社會救濟，這樣對嗎？你應該要更努力工作，不是靠別人幫忙。」

阿柔說：「我有工作啊，打掃半天，下午回來要照顧小孩……」

阮清水不客氣地回：「你有小孩，我也有小孩，我都是自己努力工作，不是靠別人。」

得知阿柔接受社會補助，阮清水有些看不起，講話常很不客氣，像刺蝟般總是用言語攻擊她，叫她要學會自力更生，不要依賴幫助。或許是經常被傷害，已經習以為常了，阿柔始終好聲好氣地來找她們姊妹倆聊天。

有一次，客人看到她們在看大愛臺，就說：「不要看大愛臺啦，都是假的……」

阿柔剛好聽到，就耐心解釋。這麼一說，阮清水更火大了，心想你做愛心是你的事，在那邊講大愛、講慈濟，影響我們的客人，怎麼有這麼奇怪的人？

後來，阮清水問客人知不知道慈濟功德會？得到的答案都是負面評價，「如果你去參加，要花一百萬才能進去。」「他們裏面有分很多幹部，捐的錢愈多，職位才會愈高。」

阿柔說慈濟是如何如何好，可是客人幾乎一面倒地認為「慈濟」是騙人的團體，阮清水心中有很多疑問。

堂妹喜歡看大愛電視臺的八點檔「大愛劇場」，因為都是真人真事的故事，看了往往很感動。阮清水常跟著有一搭沒一搭地看著，但是每次播到《靜思語》的時候，她都會忍不住停下手上的工作，專心看一下，愈看愈覺得奇怪……

「靜思語是什麼？這些話怎麼好像在講我？」

有一天，她剛好看到在演《生命的樂章》，故事內容相當感人，其中一段話對她簡直是當頭棒喝。

「頭頂別人的天，腳踏別人的地，要常懷感恩心，取諸當地、用諸當地，才能得到人家的疼愛與敬重。」

聽了這句話，阮清水慚愧了起來，「好像在講我吶？」

「我來臺灣十幾年，到底做了什麼？我有沒有喜歡這一塊土地，有沒有回饋這個地方？」

她開始反省自己，而強烈的好奇心驅使著她，想要了解這個團體到底在做什麼？

做環保一探究竟

阮清水去問從前工作的老闆對於慈濟的看法，老闆說：「你如果要捐錢可以捐給他們，每次發生災難，他們的援助行動都很快，做的很好。」

聽了很多負面的看法，終於有人給她不同的訊息了。她想《靜思語》所說的都是好話，能講出好話的團體，應該不會太差才對，但是當大愛電視臺介紹環保時，她就很不以為然。

「什麼保護地球環保志工，我們都沒有錢，是要保護什麼？而且沒有錢，誰要去做事？不可能的，一定有給錢，人家才會去做資源回收對不對，誰會白做工？」

看到大愛臺拍攝很多老人家做環保，踩寶特瓶踩得很快樂。她立刻說：「這假的吧，我每個月賺好幾萬都不快樂，他們沒錢領，快樂什麼？」

看到去越南義診的新聞，她有些驚訝，怎麼可能？回家問老公：「他們真的有到我的國家義診嗎？」簡志宗說他沒時間看電視，不知道是不是真的？

阮清水有時騎車經過慈濟三重園區，看見那棟灰色建築，雖不知道那是什麼，卻特別喜歡，每次都要特地停駐多看一會兒，後來才知道，那是慈濟靜思堂。

累積了很多好奇之後，有一天她終於忍不住走進那棟大樓，「可能是廟，進去捐一點香火錢吧！」

看到和電視上一樣穿制服的人，她問：「請問這邊是大愛嗎？」

值班志工微笑解釋：「一般我們說大愛是指大愛電視臺，這裏是慈濟的靜思堂。」

「請問這邊是做什麼的？我可以參加嗎？」

「當然可以啊，我們有很多活動，像是環保、讀書會、共修等，都很歡迎你來參加，請問你什麼時間比較有空呢？」

「我白天要工作，通常要晚上了。」

「也許你可以從環保開始，因為環保一整天都可以做喔！」

第二天下班後，阮清水立刻到三重園區做環保，她的目的不是做環保，是想來查探真相，覺得自己就像潛伏的間諜，又像是準備戳破汽球的牙籤，看看慈濟到底在做什麼？

她邊做邊小聲地問環保站志工：「你們來這裏做環保，每個月可以領多少錢？」

志工愣了一下，笑著回答：「我們是來做志工的，沒有領錢啦！」

「是喔，沒錢領，那你為什麼要來做？」

「師父說，做環保就是愛地球啊，你看環境那麼亂，大家都把好好的東西亂丟，不是很浪費嗎？有用的東西就要回收再利用，所以我才會來做環保，幫忙這個地球。」

阮清水又問：「沒有薪水，卻一直在這裏做，家裏都不用顧嗎？」

「當然是要先把家裏顧好，有空再來做，一、兩個小時也可以，有多少時間做多少事，多多少少盡一分力量啦！」

阮清水無語，不知道要說什麼，只好埋頭做資源回收，雖然會接觸到一些髒兮兮的東西，但她完全不介意，戴著手套跟著志工什麼都做，她覺得自己除了怕沒錢，早就被逼到什麼都不怕了，做什麼工作都得心應手。

她又問其他志工，其中一人說：「我不是慈濟人，只是來做環保。」

她問：「你家裏不用顧嗎？」

對方嘆口氣：「我家裏有三個小孩，有五棟房子，為了躲他們，才來做環保。」

「為什麼要躲？」

「因為孩子要跟我要錢，我不給，他們就會鬧，唉！都怪自己沒有把他們教好。你有幾個小孩？」

她回答兩個。

「教育好小孩很重要，才不會長大後只知道要錢，你如果教育的不好，賺再多，也會被小孩花掉。」

她覺得這番話很有道理，回家後，威脅利誘叫兩個兒子也要跟她去做環保。

為了查探虛實，她又偷偷問另一位志工：「你為什麼要進來慈濟做環保呢？」

「我本身有癌症。」

「癌症？那不是應該在家裏休息，怎麼還來這邊？你生病了還來，很累耶！」

「身體已經生病，心裏不能再病了。我在這裏很開心，留在家裏會胡思亂想。」

這位志工四十多歲就罹患癌症，她勸阮清水，健康時要好好照顧自己的身體。

阮清水想了很久，隔天就跟老闆說，不要做兩個班了，改做一個班就好，她不想為了賺錢犧牲健康了。

老闆提醒她：「你不要進了慈濟，連檳榔都不賣了喔！你會不會到時候去出家了？」

她搖搖頭說不可能，老闆這才放心。

做了幾天環保，她才告訴先生去做環保的事。

平時，簡志宗就是個節省的人，面對這個有點浪費的妻子，老是講不聽，也感到很頭痛，像是簡單的隨手關燈、水龍頭的水關小一點、垃圾要分類……她不但不喜歡做，還時時露出不耐煩的表情。

所以，簡志宗聽到她去慈濟做環保，心裏特別高興：「好啊，你多去啊，盡量多去做。」

阮清水不解地問：「為什麼？」

「你多去做就會知道了。」他想，這個妻子一向很有主見，講不聽，教不來，終於有人能好好幫忙調整她的思維方式。

七月的一個颱風天，風雨很大，她下班回家後有點累想睡覺，躺在床上卻翻來覆去睡不著，擔心環保站那些回收物會不會被弄溼？思來想去，乾脆翻身爬起來，準備要出門。

簡志宗問：「颱風那麼大，還要出門？」

阮清水解釋：「我一定要去環保站看看，心裏總是有點擔心。」

她剛下班，身上穿的是清涼上衣和短褲，套上雨衣，就騎車衝去環保站。剛停好車，雨衣都還沒脫，就看到很多志工跑出來。她走過去看看怎麼回事，一位老人家拉著她的手說：「先不要做了，上人要回花蓮了，我們去送師父。」

她愣了一下：「上人是誰啊，為什麼要去送他？」

「就是你每天一直問的那個老人家啊，慈濟的創辦人證嚴上人，我們快點去，不然來不及了。」

她知道慈濟有個創辦人，也常在大愛電視臺看到他，心裏疑惑這樣一個瘦弱的老人家，怎麼能帶出那麼多人來做善事？沒想到竟然可以看到本人，她高興地跟大家一起排隊。有師姊提醒她：「屋簷下沒有雨，你把雨衣脫掉吧！」

阮清水看大家都穿著整齊的制服，十分尷尬地說：「我……不能脫掉雨衣。」

師姊滿臉疑惑，她默默地把雨衣掀起來，看到雨衣裏面是露背裝與超短褲，師姊趕緊把她的雨衣拉下來放好。

「那不要脫雨衣了，你就站好就可以了。」

證嚴法師從靜思堂門口緩緩走出來，阮清水好奇引頸張望，腦袋突然當機，「那張面容怎麼那麼孰悉？」「那不就是從年少時期一直陪伴她走過無數困境的觀世音菩薩嗎？」「觀世音菩薩，怎麼會在這裏……」

阮清水瞬間淚如雨下，合掌的雙手不停顫抖著，淚水模糊的視線裏，看見法師親切地摸摸小孩子的頭。此刻，她滿心期待這位「觀世音菩薩」能走到自己面前，哪怕只是說一句話也好。

阮清水在心裏吶喊：觀世音菩薩，您一直都那麼靈驗，是不是能幫助我呢，告訴我生命的路到底應該怎麼走，回答我所有的疑問，我就永生永世追隨您……

現場志工高喊：「上人，我們愛您！」

法師停下腳步回應：「你們愛我，就要愛我所做的事情，做我所想要做的事情。」

法師上車離開了，阮清水沒有機會和法師說話，但卻牢牢記住法師臨走前說的那句話。

生與死的距離

除了做環保，阮清水開始接觸其他志工活動。有一天，她接到蕭鳳滿的電話：「清水，下午有一場助念，你要不要去嗎？」

阮清水不知道什麼叫做助念，以為跟平常的活動一樣，立刻就答應了。她下午三點下班後，換好衣服就去集合。蕭鳳滿帶她到臺大醫院的助念室，看到已經往生的人，她嚇壞了。

「我們……來這邊做什麼？」

「助念啊！」

「助念……是什麼？」

「就是有人往生，我們要幫忙念佛，讓往生者追隨佛號，安心離開這世間。」

阮清水立刻從包包裏找出觀世音菩薩照片，放在手心，因為她從小怕黑，更怕鬼，如果有地方暗暗的沒有燈，她就會恐懼不安。可是來都來了，又不能落跑，她設法坐到最後一排，但因為志工輪流前往助念，她不得不往前移位，只好害怕地閉著眼睛一直念佛，完全不敢張開眼睛看。

往生者是一個八歲的小孩，沒有蓋上白布，家屬哭成一團，志工忙著協助安撫。

阮清水心裏稍微平靜下來後，一邊念佛，一邊偷偷地瞄往生者的面容，紛亂的思緒在腦海湧現，「死了還會有呼吸嗎？」「肚子有沒有在動？」「萬一他突然坐起來，我該怎麼辦？」「大家會不會逃跑？我應該往哪裏跑？」

她又想，如果是我躺在那邊呢？老公會不會來看我？小孩會不會為我哭？我跟爸爸吵架，如果知道我死了，他們會不會從越南到臺灣看我？她唯一篤定的是，公公、婆婆不會在乎她的生死，而小孩子可能會更開心，因為從此不會被惡鬼媽媽折磨了。老公應該會再娶，那他會不會把我的錢都拿走？

阮清水想著想著，忽然想哭：我這一生到底是在做什麼？活著的意義在哪裏？人死了會去哪裏？以後還會遇到這些朋友和家人嗎？

記得，當初媽媽生病開刀，她向觀世音菩薩虔誠祈求：「我願意減少十年、二十年的壽命，只求媽媽能恢復健康。」

後來媽媽出院回家了，她很開心，可是想到自己曾發願折壽給媽媽，如今不知道還能活多久？會不會剩下的日子也不多了，很快就會跟那個小孩一樣，等著人家來助念。如果是這樣的話，那她還要繼續目前的生活模式嗎？

助念結束後，她的腦袋還是渾渾噩噩，傻傻跟著人走出來，蕭鳳滿關心地問：「清水，你是不是有什麼想法？我看你跟剛來時不太一樣。」

她心虛地說：「沒有啊，沒有啦！」

她怎麼好意思說自己怕鬼呢……太丟人了。可是，助念時的種種想法在心裏盤旋不去。

「死了難道還要把這些怨恨帶走，下輩子再來跟他們討嗎？」「師父不是常說『來不及』，人生就是怕來不及啊，該愛的人去愛，該對不起的人去道歉，愛就要講出來，要原諒、善解、包容……把愛傳出去，大家都會講，回家做得到嗎？」「把愛傳給家人，到底要怎麼傳？」「回去後打開家門，就說『親愛的，我回來了』，講的出來嗎？必須講，不講不行，萬一等一下無常現前，怎麼辦？」

內心掙扎交戰後，阮清水下定決心改變，她跟自己說：先贏自己才是成功，不用去贏別人，贏自己最重要。於是，她回到家見到老公，第一句話就說：「親愛的老公，我回來了。」

簡志宗愣住，驚訝地看著她，結婚十幾年，這種話從來沒出現過，太太是中邪了嗎？阮清水也尷尬地笑，第一次講這種話，自己都覺得噁心。

兩個人大眼瞪小眼，簡志宗吐槽道：「好噁心。」

阮清水笑答：「我也覺得很噁心。」

之後，兩個兒子放學回來，她滿臉笑容地迎上前說：「寶貝，你們回來了。」

兒子愣住，狐疑地問：「你要幹嘛？」

她好不容易鼓起勇氣，眼看就要消退了，趕緊說：「沒有啊，我只是想說：寶貝，我很愛你們喔！」然後趕快上前抱抱他們。

兩個兒子都沒反應，等她鬆開手，他們就自顧自地走開了，邊走邊互問：「她又想做什麼？」

「誰知道？媽媽大概又發神經了。」

阮清水很灰心，也有點難過，她其實只是想要改善和家人的關係而已。跨出第一步之後，她告訴自己不能放棄，若是放棄，下次不知何時才能再鼓起勇氣「傳愛給家人」。

她還告訴自己，明天去上班的時候，也要改變態度，不要對別人那麼兇，萬一結下不好的緣，怎麼辦？

因為這一場助念，讓她覺得人生是無常的，覺得這位往生的小菩薩，好像是來度化她的，讓她有機會思考那麼多事。

晚上睡覺時，她夢見了那個往生的小孩，想到證嚴法師說過，用佛的心，看什麼都是佛，用鬼的心，看什麼都是鬼。在夢裏，她跟那個小孩說：我是佛心，我為你祝福，我為你誦經。這樣，她就不怕了。

後來再去助念，她完全不會害怕了，很坦然接受生與死的距離。到慈濟做志工後，她學到一個重要的觀念，那就是「正念」，做好事不必怕，既然助念是「好事」，那麼沒什麼好怕的！

給自己三次機會

阮清水跟著志工去關懷癌症病患，其中有位口腔癌患者分享說，他吃了很多檳榔才造成這樣的結果。

她萬萬沒想到吃檳榔會這麼傷身，隔天就跟老闆說：「我不要做了，檳榔不好，會害死人。」

老闆問：「你進去慈濟了嗎？」

阮清水說：「還沒真正進去啦，但是有人說檳榔會害人家得癌症。」

老闆解釋道：「這個很好，沒有誰吃檳榔會死翹翹的。」

她不相信，私下去查資料，發現吃檳榔真的易得口腔癌，甚至有人嚴重到臉都挖掉半邊了。

她心裏覺得好可怕，堅持要辭職，老闆很生氣地說：「你不能不做，必須繼續做。」

因為她很會賣，很熱心也很好說話，客人要求外送，只要有空，她就會盡量送去，客人都很喜歡她。但儘管老闆不同意，阮清水態度堅決，說不做就不做。

做環保三個月後，她穿上灰衣白褲的志工服，有一次遇到海外志工回來受證，她發現其中有很多越南人，便靜靜地跟隨大家聆聽著證嚴法師的開示。

當下她發願：如果今天能見到證嚴法師，親口跟他講我的感恩，那麼我就會生生世世做慈濟志工，我會為佛教、為眾生，即使犧牲生命也在所不惜。

發願後，她就走到慈濟營本部，說她想要見法師。

志工客氣地詢問：「請問你有預約嗎？」

「沒有。」

「那對不起，這次海外營隊，上人要見很多很多人，沒辦法臨時抽出時間。」

她當時沒想過法師帶領這麼大的團體，會有多忙碌，有多少人等著想見他，只覺得心裏很不平，覺得自己是因為沒有身分地位，可能就被看不起，所以才不讓她見法師。

當她走到靜思堂門口想要離開，穿鞋準備綁鞋帶時，又覺得不甘心。內心有個聲音告訴她：不行，為什麼要放棄呢？給自己三次機會，如果嘗試都失敗，那就放棄。

她又回頭走進去靜思堂，邊走邊想：「上人啊，您需要我這個弟子嗎？如果需要，請您見我一面；如果不需要，就不必見我。您聽得到我的心聲嗎？」

想到這裏，她不禁悲從中來，其實她很想加入慈濟，可是沒有信心，只是希望能被肯定，肯定這個決定是對的。

她又回到營本部，站在門口等，不敢進去，想等法師出來。

等了好久，四周都沒人，她覺得好像沒有希望了，忍不住流淚。這時，有一位常住師父出來看到她在哭，趕緊過去安撫她：「怎麼了菩薩，你為什麼要哭？」

她哽咽地說：「我想要見上人……」

「你有什麼事要見上人嗎？」

「我有話要跟他講啊！」

「你從哪裏來呢？」

「我是越南人，我想要感恩上人……」

她哭的很傷心，常住師父拍拍她，「好，不要哭了，不要哭，我帶你進去。」

常住師父帶她進去，安撫她先坐下。因為法師正在聽弟子們的報告，乘著其中一位報告結束，常住師父趕緊把她帶過去：「上人，這位越南的菩薩有話想要跟您說。」

現場很多人在等待向法師報告，一時目光全注視著她。

阮清水雙膝一跪，邊哭邊說：「上人，感恩您幫助我們越南，我是越南嫁過來這裏的，感恩上人把我的生命救起來，感恩您幫助越南，我想代替所有越南的人感恩您，我要代替他們為慈濟做很多事情……」

因為太激動，阮清水話都講不清楚，甚至哭到講不出話來。

證嚴法師看著她，點點頭說：「好，那你要好好照顧自己的身體，好好做慈濟。」

常住師父扶她站起來，小聲提醒：「上人現在準備要回答大家的問題，你已經說完了，就先回去。」

她趕緊頂禮法師，離開現場。

這時她才知道，自己真的很幸運，那麼多人等著向法師報告，她算是插隊了。

常住師父鼓勵她：「回去要多做志工，趕快參加培訓。」

「師父，我會的，我會認真做志工，師父叫我做什麼，我都願意。」

阮清水允諾，此後要盡最大的努力去做慈濟志工。

按門鈴前先做功課

證嚴法師曾開示：「我們要度眾生，心中一定要有法。我們要誠正信實，才能募心募款，募款是其次，募心最重要。募了心，對方才知道為什麼要付出；募不到心，對方可能只是拿錢想要消災。募心募款，就是希望人人有虔誠的心，打從內心願意去付出。」

阮清水對於「募心募款」的理念相當認同，在信己無私、信人有愛的前提下，她放下身段，沿著住家附近的道路，一戶一戶去敲門勸募，不到一個月，就募了一百多戶人家。

她不是一頭熱就跑去沿戶敲門的，而是事先做了很多功課，努力弄清楚慈濟在做什麼，各方面都盡量了解透徹，才敢去敲人家的門。

很多人會不喜歡她總是問個沒完沒了，可是她認為有疑問如果不問清楚，面對外界的質疑和誤會，要如何解釋？一旦回答不出來，人家不信任你，下次想再募就更難了。

她很感激募心募款這件事，因為過程裏學到太多經驗，到後來，她體會了很重要的事，那就是忍耐。例如有人討厭慈濟，罵了她幾個小時，她還能保持微笑不還口。

遇到認同的，很快就願意捐款，不認同的，就要有心理準備被挨罵。曾經，她遇到一位打破砂鍋問到底的丁小姐。

丁小姐質疑道：「慈濟都在幫助國外，沒有幫助臺灣人，我為什麼要捐錢？」

她耐心回答：「怎麼會呢，慈濟為臺灣做了很多事，而且我也很感謝慈濟幫助國外，我是從越南來的，因為我們國家也受到慈濟幫助，所以我們也想要服務臺灣啊！我現在就是在回饋臺灣，才出來做志工。」

「你進去慈濟多久了？」

「才兩、三個月而已，我想跟你做朋友，不是一定要向你募款，只是希望可以服務到你。」

「為什麼要服務我？」

「因為服務別人就是幸福啊！就是大愛。」

「什麼叫大愛？」

阮清水問她：「你自己的小孩，你會不會愛？」

「愛呀！」

「你的爸爸媽媽，你會不會愛？」

「會啊！」

「公公、婆婆，你會不會愛？」

「會愛啊！」

「只愛一個人是小愛，能愛家庭以外的人，這樣的愛更大了。」

丁小姐追問：「愛家庭以外的人，有什麼意義？」

阮清水說：「像慈濟也有愛我們，幫助我們越南，當然有意義啊！」

丁小姐不認同：「就是幫助你們這些外國人，都不幫助我們臺灣。」

阮清水笑了，並解釋道：「因為這樣，人家才知道臺灣，你看臺灣的土地比越南小，可是越南卻沒有這樣的團體可以幫助到全世界。因為有慈濟，人家才認識了臺灣是個善良的寶島、有愛心的地方，你看你多有福報，越南如果有這樣的團體，我們一定會深以為榮的。所以我很喜歡這個團體，很感恩他們幫助世界各地。」

阮清水感覺這位小姐的個性和自己很像，不停地問為什麼，她忍不住笑了，提醒自己要更有耐心地回答。因為耐心又詳細地解說，她順利募到這位小姐成為她的會員。

有人問：「有很多人做慈濟志工，都不顧家裏，你知道嗎？」

「真的嗎？有這種情況嗎？」

「很多，你不知道而已。」

「好，這個問題我回去慈濟問問看，問清楚了再來回答你。」

也有人問：「慈濟功德會為什麼叫做功德會？」

「我們存錢，不是都放在銀行嗎？存了錢就有利息，但是你捐款，是放在功德海裏面，這利息是無形的，也就是你的福報，會跟隨著你生生世世的。」

就是這樣，一家一家按門鈴，千奇百樣的狀況，她一一化解。

印象最深刻的，是遇到一位中年男子，先是罵慈濟，接著罵政府，又罵總統，接著開始罵越南人。

她靜靜聽他說，好不容易停下來了，男子奇怪地問：「我在罵你耶，你還笑。」

她回答：「感恩你喔，因為我不懂這些，你講給我聽，我回去後會多了解。」

「為什麼要多了解？」

「因為我也很想知道你那些問題的答案是什麼，那你罵完了，願不願意捐款呢？」

男子傻了，他問：「我這樣講你還不懂嗎？我不捐。」

「不捐沒關係，那要不要加入慈濟，大家可以做朋友，我感覺你好像也是很可憐。」

「為什麼？」

「你為什麼把那麼多人、那麼多事情放在心裏呢？」

「因為這些都是社會的問題，社會的問題就是我的問題。」

「那你的問題在哪裏？」

男子瞪了她一眼，撂下「好了，不跟你講了」，掉頭就走。

阮清水足足被罵了三小時，她開始反省自己的做法。她認為「募心募款」的重點是「募心」，一開始就募款，被拒絕的機率很高，而且很多人不了解，甚至對慈濟有誤解，所以她挨家挨戶敲門，就改用聊天的方式，她也想知道，到底社會大眾對慈濟的看法。

「請問你知道慈濟這個團體嗎？」

「知道啊！」

「那你感覺這個團體怎麼樣？」

「他們喔，就做很多善事，幫助需要的人……」

從聊天中，她聽見了很多疑問和誤解，能說明的當下立刻解釋，自己也不明白的，就回去再問資深的志工。

最重要的是在這過程中，她學會了三件事。第一學習縮小自己，第二學會忍耐，第三學會改變習氣。想要改掉自己愛面子的惡習，說是募人家的心，更像是把自己的心募好。

還有一件更大的轉變就是，因為頻繁在外面耐著性子解說慈濟，可是回家卻受不了老公的碎碎念，她問自己，在外面好修行，怎麼在家裏卻很難修？她決定好好面對這個家庭的功課。

發願服務新住民

做環保一段時間後，歲末時要表演「圓夢」的手語，蕭鳳滿熱心幫阮清水報名參加。

練習的過程，阮清水深受震撼，「圓夢」是描述一千兩百多年前的唐朝鑑真大和尚為了東渡日本傳法，歷經十一年，失敗五次，最後終於成功。他的發心立願，對傳法的堅定信念，令人敬佩。

證嚴法師行腳到慈濟關渡園區時，志工希望她能分享表演手語「圓夢」的心得。

等待期間，她和其他志工交流募心募款的經驗，資深志工羅美珠聽到就問她：「你現在有幾戶會員？」

阮清水回答：「一百多戶！」

羅美珠又問：「你進來做志工多久了？」

阮清水說：「一個多月吧！」

羅美珠很驚訝，「一個月就可以募到一百多戶？」

阮清水解釋：「大家都是從朋友或親人開始勸募，我就想可以先跟外面的人勸募啊，重點不是募款，而是讓更多人認識慈濟，所以就挨家挨戶去跟人家講慈濟，認同的人就會捐款，不知不覺就有一百多個會員了。」

羅美珠有些感動：「清水，你上臺分享的時候，也要談談你募心募款的過程。」

受到鑑真和尚故事的啟發，阮清水上臺分享說：「鑑真和尚東渡日本六次，即使失敗還是勇往直前，我們募心募款如果只有一次失敗就不敢了，那真的很可惜，應該至少給自己六次機會，學習鑑真和尚的精神，六度萬行，努力去做。」

最後，她又向證嚴法師發願，會更努力做志工。

分享結束後，羅美珠帶她去見法師，並讚歎她的用心和努力，直接推薦她接受慈濟委員培訓。

法師點點頭說：「有願就有力，有力就有心，既然發心立願了，就不要忘記自己的初心。」

聽到阮清水要報名委員培訓，蕭鳳滿充滿猶豫和擔心。因為慈濟有「母雞帶小雞」的傳承制度，一般而言，至少要先當見習志工一年，透過上課、參加活動認識這個團體後，母雞才會推薦小雞參加委員培訓，一定要充分了解慈濟，最後才能受證。

蕭鳳滿所以猶豫，是因為她認為阮清水認真努力又精進，但對團體還沒有那麼熟悉，加上語言隔閡，能否聽懂證嚴法師的開示、看懂法師的書，都是問題；若是聽不懂、看不懂，怎麼可能真正了解慈濟的精神。所以擔心的原因，正是因為阮清水的認知還不夠，擔心會在培訓過程中，承受比別人多的挫折，甚至受到傷害而生起退轉心。

蕭鳳滿遲遲沒有幫她報名，但一直有人催促她要培訓的事，阮清水茫然地問：「培訓是什麼意思，為什麼大家都叫我要培訓？」

結果兩個女人抱在一起哭了，蕭鳳滿心裏很難過，因為她覺得太快了，怕阮清水受到傷害。阮清水不知所措，她想，培不培訓有什麼差別呢？蕭鳳滿沒辦法，就叫她回去問問家人的意見，再決定要不要參加培訓報名。

阮清水一直很尊重蕭鳳滿，尤其在知道她的故事後，更是心生敬佩。

蕭鳳滿三歲就給人當養女，和原生家庭幾乎沒有感情，因為聽了法師開示：「父母健在，要趕緊孝順」，才重拾母女情，回頭去用心照顧八十多歲的親生母親。後來，她自己罹患水腦，多次開刀，導致記憶力衰退，仍把握機會做志工。

阮清水更尊敬蕭鳳滿的待人處事態度，覺得她的個性樸實，很惜福愛物，種種對她的感動，讓阮清水暗自決定，要學習母雞蕭鳳滿的精神，一直跟著她精進。

蕭鳳滿表示，第一次在環保站看到阮清水，其實是嚇了一跳，因為她穿的很清涼，十足的辣妹美女。她心裏默默地想：希望可以趕快把這位小姐帶進慈濟，潛移默化改變一下。

後來知道阮清水是外籍新娘，心裏更生起一分憐惜的心，「不知道她遇到的家庭好不好？」「在舉目無親的陌生地方，她能適應嗎？」

接觸幾次後，蕭鳳滿發現這位小姐很有心，下了班就趕快過來做環保，有時還會帶著兒子一起做，就主動找她要電話號碼。

兩人熟悉後，蕭鳳滿就成了阮清水的母雞，她想要接引這位可愛的女子進入慈濟這個大家庭。但是蕭鳳滿不贊成她這麼快報名委員培訓，捨不得她受委屈、遭遇挫折，阮清水也很能理解這分擔心。

阮清水回家跟老公商量要參加培訓，簡志宗立刻表示反對：「你不要穿那件制服（委員旗袍），人家會說你才進來幾個月而已，是為了那件衣服才去的，會被人家講話。」

這句話讓阮清水冷靜思考，不是很多人謠傳：「慈濟委員的制服要捐一百萬才有嗎？」既然如此，她就親自去證明，因為她根本沒有一百萬，也能受證，也能穿上那件旗袍。

簡志宗勸不聽，只能淡淡地說：「你自己決定吧！」

因緣如此，蕭鳳滿就幫她報了培訓課程，同時提醒她：「慈濟志工來自各行各業，人人都有一分善心善念，但不見得都能改掉習氣了，如果遇到脾氣不好的，講話大聲的，盡量欣賞對方優點少批評，這樣在大團體裏才能相處的好。」

阮清水很喜歡上課，尤其是聆聽志工們分享生命故事，都是真人真事，深深打動了她，想和大家一起走菩薩道。她感覺自己就像證嚴法師說的：「眾生剛強，難調難伏。」個性比較強硬，別人講的話都聽不進去，就像一匹桀驁不馴的牛。

法師開示只要是用閩南語，她都聽不懂。遇到聽不懂的，她就專心看，用猜的。有時，她會跟夥伴哀嘆：「你們好有福報，上人講的你們都聽得懂，我只能用猜的。」

有人讚歎地對她說：「清水，你聽不懂還做這麼多，有的人能聽懂反而不去做。」

她一頭霧水：「為什麼？」

「你雖然聽不懂，可是卻明白上人的意思，很快就去做了，有些人聽得懂，想太多反而不敢做。」

原來如此，她感到十分安慰。

每次上課，她幾乎都在掉眼淚，有時是志工的生命故事，有時是慈濟在各個角落做的事，都令人感動，特別是課程結束時唱誦的「立願文」，更讓她的眼淚停不下來。她牢記「為佛教、為眾生」這句話，發願要更加努力去做。

有人提醒她：「清水，你太急了。」

她解釋：「我不是太急了，是覺得來不及。」

「我是說，你的個性很急。」

「因為我怕來不及，自從第一次助念，看到那個八歲的小孩子躺在那裏，我就開始思考生死的問題，如果明天就死了，今天做夠了嗎？甘願了嗎？我每天都怕時間不夠……」

培訓這一年，是她最忙碌的時候，不只上課，還要參加所有的活動，以期徹底了解慈濟精神，相對的，事情多，腳步就匆忙。

阮清水「個性很急」這件事，有時真的讓簡志宗氣得想跳腳。例如阮清水要他出去幫忙做什麼事，簡志宗不能立刻去辦，她總是等不了，會不停地碎碎念，催促他趕快去。

「急驚風」的個性，讓簡志宗好幾次都想發火。所幸，個性上的調整，習氣上的改變，都在時間的進程裏，慢慢修正了。

蕭鳳滿所擔心的事情，在這一年的培訓過程裏，還是發生了。阮清水一路走來跌跌撞撞，常有人跟蕭鳳滿抱怨：你這個小雞哪裏做錯了、哪裏不應該、哪裏又怎麼了……

慈濟是一個團體，頂著慈濟的名字出去做事情，一定要遵守規範，注意形象，只是愛慈濟，這樣的愛是不夠的，必須有足夠的精神理念，細節上才能周到，否則就很容易發生誤會。

阮清水知道抱怨的聲音，總會抱歉地說：「不好意思啦，又連累你被人家碎碎念了。」

幸好，阮清水沒有起退轉心，順利完成了培訓，蕭鳳滿這才放下心，也心疼她一路走來的辛苦。

二〇一三年，阮清水完成委員培訓，準備受證。前一天晚上，她興奮激動得睡不著，她跟自己說，不能因為自己做不好，害慈濟被人講話，一定要更加持身中正，用心做事。因為睡不著，她乾脆起來念佛號，直到凌晨五點。

受證典禮上，她上臺和志工一起表演《無量義經》手語，心中牢牢記住「守之不動、億百千劫」這句經文，這就是法師說的：「對的事，去做就對了。」她天天提醒自己，以後對的事，要守之不動，堅持去做。

受證後，她上臺分享時向法師發願，要服務新住民，在他們心中種下善的種子，以後回到自己的國家，也能把慈濟這分大愛也帶回去。

法師對她說：「你現在可愛多了，發願很好，但更要好好照顧家庭、孝順長輩，顧好家裏的每一個人。做慈濟也不要忘記陪伴家人，不能只是做志工……」

法師說了很多話，但阮清水只記得「不能只是做志工」。她困惑了，心想：我就是很愛慈濟，很想做志工，怎麼反而叫我不要做？

面對她的疑惑，志工莞爾一笑：「有很多人做志工做到家裏都沒照顧，一直關心外面的人，反而沒有關心自己的家人，上人是擔心你的熱情過了頭，反而忽略了家人。」

阮清水又問：「那我應該要怎麼做才是對的呢？我覺得我把家裏照顧的很好啊！」

志工笑了笑：「盡力就好了，家裏的事也要盡力，志工的事也盡力，兩者能平衡是最好的。」

此後，阮清水做事情就會問自己：是否盡力了？只要自己覺得盡力，心中就沒有罣礙了。對阮清水來說，做志工只是一種感恩的方式，她的發心，她的努力，都是為了報恩。

她總是說：「如果沒有這個團體，我能變成這樣嗎？能走出從前憤恨不甘願的人生嗎？慈濟改變了我，所以我要回報這分恩；做志工，這是我報恩的方式。」

阮清水培訓時，還巧遇常去檳榔攤募款的阿柔師姊。阿柔很驚喜：「你進來了，好開心喔，你也來培訓？」

她不好意思地說：「對啊，我也來培訓了，對不起啊，當時給你講了很多討厭的話。」

「沒關係，進來了，就明白了。」

「感恩你，真的對不起，當初我對你那樣，態度很不好……」

但也因為這個過程，讓阮清水面對排斥慈濟的人，更能了解他們的想法，知道怎麼去說明和解釋。似乎每件事發生，冥冥中都有因緣。

真心向公婆道歉

培訓時，有一天課程結束，阮清水拿起麥克風在眾人面前發願：「我來自越南，對家人不了解、也不會照顧公婆，但是現在我知道錯了，請各位菩薩為我作見證，我現在要重新做人，彌補從前的錯，我回去會馬上改，首先要跟公公、婆婆道歉。」

下課後，她立刻去找公婆：「爸爸、媽媽，我加入慈濟做志工了，以前我做的不好，我想跟你們道歉。」

公婆之前就很討厭她去賣檳榔，覺得很沒面子，根本不相信她會去做志工。由於平時他們有看大愛電視臺的習慣，公公就說：「你不要進去慈濟，到時候做不好沒面子，很難看。」

婆婆說：「你如果進去，能被這個團體改變，那也沒什麼不好。」

阮清水就問：「媽媽，我怎麼做才是真的孝順？」

婆婆溫和地說：「你把老公、小孩都照顧好，不要打我的孫子，給他們有飯吃、有房子住，那就是孝順。」

阮清水很高興，因為這些都容易做到，她又問：「這樣您贊成我去慈濟做志工喔！」

婆婆點頭：「好啊，你去啊！」

她回家就開心地跟老公講：「媽媽贊成我去慈濟做志工喔！」

簡志宗淡淡回應：「好啦好啦，你去啊！」

其實，家人的贊成並沒有讓她特別開心，如今她只是想把這個前半生都過的身不由己的人生，重新來過，所以首先要拿出尊重的態度，希望家人能明白她有心改變，能接受她。

受證成為慈濟委員後，她更提醒自己，要把公婆當成親生父母一樣尊敬，尤其證嚴法師說過，做人要報四重恩——三寶恩、國家恩、父母恩、眾生恩。當下她決定，以後賺的錢，都要用公婆和父母的名義捐款。

第一，報婆婆的恩。她覺得來臺灣之後，婆婆其實對她挺好的，也很包容，希望能用婆婆的名義捐一筆錢，祝福身體健康。

第二，報公公的恩。雖然跟公公沒有好好相處，但還是感謝他當初逼簡志宗結婚，她才有機會嫁到臺灣，才能認識慈濟，改變人生方向，生命重新來過。

第三要報母親恩，第四要報父親恩，父母對她的愛，一直是最珍貴的親情。

想用布施來報恩、來祈福，可她又沒什麼錢，因為被「超級臺傭」陳美玉的故事感動了，就學習她的精神去幫人家打掃賺錢。

她看到陳美玉在髒亂的環境，還是願意彎下腰把清潔工作做到最好，這種放下身段，沒有傲慢心，只是單純地想付出愛心，阮清水覺得那就是大愛。

所以，她認真去做打掃工作，努力存錢，後來工作量減少了，就改做果凍花。她的目標是存四百萬元，為四位長輩各捐一百萬，直到二〇一八年，她終於存滿第一個一百萬，用婆婆的名字捐出去，完成第一個報恩、祈福的心願。

剛開始，家人都不贊成她捐款，他們認為存錢是為了幫孩子買房子，讓他們不愁吃穿。阮清水向他們解釋，捐的錢都是她自己努力工作賺來的，沒有拿家裏一毛錢，想用公婆的名義捐款，是自己對他們的孝心。

公公不認同，直接了當地對她說：「你不要捐款給慈濟，慈濟已經很有錢了。」

她說：「我也有捐給其他社會團體，還有認養獨居老人的便當，我盡力去做，能捐的就讓我去捐吧！」

為了避免她和公婆再有衝突，簡志宗私下提醒：「你一直捐錢，不管是什麼原因，老人家難免會怕，擔心他的孫子將來沒有依靠。老人家的想法就是要多留一點錢給孩子，所以你就私底下捐，不要講出來，免得他們擔心。」

因為捐款布施的事，竟然讓老人家擔心，連鄰居都跑去跟她的母雞蕭鳳滿抱怨老人家的憂慮與不安。為了消除老人家的疑慮，蕭鳳滿親自陪阮清水向公婆解釋。

那一天剛好公公不在，蕭鳳滿就陪婆婆聊天，順便問：「聽說清水想要用你們兩位老人家的名字捐款，可是你們很擔心是嗎？」

婆婆說：「當然多少會擔心啦，不過她公公比較嚴重，我還好。」

蕭鳳滿說：「清水有說過，會用自己努力賺來的錢去捐，不會用到家裏的錢，也不會賣掉房子，希望你們要相信她。」

婆婆點點頭說：「我知道啦，其實也沒有多想什麼，但是她公公就是不放心，到處去講給鄰居聽，才會被人家誤會。」

阮清水也再三保證：「媽，我有工作，絕對會用自己賺的錢，不會拿家裏的錢去捐，你放心。」

婆婆笑了笑，安慰她說：「好，我會跟你爸爸說清楚，讓他不要再到處去講了。」

蕭鳳滿又問：「清水在慈濟做志工，您放心嗎？」

婆婆點頭：「如果乖就好了，做志工是好事，媳婦乖乖的就好。」

一般父母都會想要把錢留給下一代，然而阮清水想要為孩子祈求的，是智慧和平安，這件事她也曾經問過兩個兒子的想法，沒想到孩子比大人還要豁達明智。

大兒子說：「媽媽，你去做志工沒關係，以後我開始工作就能夠自己賺錢了。」

二兒子也說：「媽媽，我自己有能力可以賺錢，你可以去做你想做的事，別擔心！」

阮清水很高興他們都能接受，也放心地跟他們說：「我不會特地留很多錢給你們，等我老了，你們也不必給我錢，每個人都有自己選擇的路，以後我也不會增加你們的負擔。」

關於布施這件事，總有人問：「清水，你的錢從哪裏來？」老實說，她也沒有很認真去思考有沒有錢可以捐，打掃的工作沒有了，她改做果凍花，經常是左手進右手出，卻很少遇到錢不夠的時候。

惹得簡志宗老是笑她：「錢收進來，還沒熱就捐掉了，你的錢就像放在口袋會咬人一樣，恨不得趕快丟出去。」

阮清水相信，佛法說的，錢財是「五家（水、火、盜賊、苛政、不肖子孫）共有」，布施如挖井，井愈深，水愈多，多造福的人所積聚的福德，才是生生世世的財富。

她從不擔心自己會沒錢，既然人生無常隨時可能因意外而破財，那麼只有被妥善運用，才算是自己的。

對於阮清水發願用四位老人家的名字捐款布施一事，簡志宗沒什麼意見，畢竟捐款是好事，而且那是她自己賺來的錢，有權利決定怎麼用，只要不影響家裏，他不會去阻止。

但他認為錢應該有四分之一理論的分配法，也就是要把每個月薪水分成四份來使用，捐款可以是其中一份，這樣子才能做的長久。

不過，他知道阮清水很難聽勸，決定的事，就一定要去做。以前是不要命地工作，把錢全部寄回越南，現在是要回饋社會，全心投入去做志工、去捐款。雖然如此，該說的話他一樣要說，聽不聽是她的選擇。

曾有朋友憂心忡忡跟他說：「你老婆做得太過頭了，我擔心你太太沒有照顧好兒子，老人家也不高興啊！」簡志宗聽著這些是是非非和流言誹語，反而覺得別人太雞婆了，這些話傳來傳去，為他們帶來不少困擾。

後來，他會告訴對方：「我太太只不過是去做志工，家裏又沒有弄得很窮，沒什麼好擔心的。」

他認為自己的太太一直都是安分守己，她想要去做志工是好事情，做好事為什麼要去擋呢？所以他很篤定，不但不擋，還要支持她堅持下去。

自從阮清水加入慈濟志工後，婆婆一直在觀察她，有一天，終於說出放在心裏很久的話。

婆婆說：「當初小孩從三樓的樓梯跌到二樓，那時我很恨你，覺得這個媳婦根本不會當媽媽，連小孩都照顧不好。」

那時，老二才八個月大，坐在螃蟹車裏玩，因為她在整理隔天回越南的行李，沒有特別留意小孩動靜，結果孩子不小心從三樓掉到二樓，摔斷一條腳。

公婆非常心疼也很生氣，老公沒有罵她，小叔卻氣得飆罵：「你都不會顧小孩，你這個女人實在是差勁。」

倔強的她回嘴：「我家的事你閉嘴，我老公都沒有說什麼，你憑什麼罵我！」

她沒有想到這件事會讓婆婆記恨那麼久，直到她進了慈濟才講出來，如果沒有講開，這會成為婆媳永遠的心結。阮清水非常懊悔，一直向婆婆道歉，因為當年二十來歲的她，的確很不會照顧小孩。

婆婆還有一個更大的心結，她說：「你老公每次都講是我們兩個老人家害的，因為催他結婚，家庭問題才這麼多。我有害自己的兒子嗎？我只是想讓他有一個家庭，老了有人照顧，我有錯嗎？他每次都責怪我們。」

阮清水聽了就哭了，跟婆婆道歉：「對不起，都是我的錯，我會盡量去彌補。」

她覺得是自己沒有盡到一個媳婦、妻子、媽媽的責任，讓公婆生氣、老公不開心、兒子常莫名被打，搞得家庭烏煙瘴氣，她想要改，想要做的更好，於是就拜託老公要多陪伴公婆、請兩個兒子要孝順阿公、阿嬤。

這也是為什麼她想要捐款時，首先會想要用婆婆的名義，因為婆婆真的對她很好。回去探望老人家時，她會向婆婆撒嬌地說：「我好愛你喲，親一個。」

婆婆尷尬地說：「……你很假耶！」

她笑嘻嘻回答：「上人講，假久了就成真啦，我要多練習。」

不只是親，她還會抱抱婆婆，婆婆剛開始雖然不太習慣，但同樣的話說多了、做多了，就會愈來愈自然，那是打從心裏真正的感謝與對家人的關懷。

如今，婆媳關係愈來愈好了，阮清水如果太忙，沒回去親親、抱抱婆婆，婆婆還會打電話問。

阮清水感恩自己懂得轉變，幸好一切都來得及，該道歉的都道歉，該愛的都去愛，生命踏實，才不會有遺憾。

姊妹們有求必應

阮清水的熱心廣為流傳，很多新住民遇到什麼疑難雜症，第一個就會想到要找她幫忙。

她本著助人的心，總是能做的盡量去做，成為慈濟委員後，來找她的個案愈來愈多，幾乎成了新住民的「馬上辦中心」。

越南姊妹說：「姊姊，有一個白血病的病人，在越南沒有辦法治療，要來臺灣做骨髓移植，可以幫他嗎？」

「姊姊，有一個心臟病的小朋友，被父母送來臺灣治療，但是他們人生地不熟，可以幫忙嗎？」

「姊姊，有幾位越南的法師來臺灣讀佛學院，現在出事了，我們趕快過去看看……」

三重有一棟大樓發生大火，造成六人往生，其中一位往生者娶的是越南太太，母女從越南趕來處理後事，她們全程陪伴辦理各項手續，包括安排住宿、三餐、辦移民程序等。

因為情況複雜，阮清水的家人都阻止她，希望她不要插手，不要管那麼多。但是，這對母女語言不通，她不忍心袖手旁觀，「堅持做對的事」，直到事情圓滿結束。

只要有人找她幫忙，不論在哪裏，她總是二話不說就趕緊衝過去協助，相對的也造成一些困擾，曾和她同區的組長，對她的「熱心」是一個頭兩個大。

組長問：「你怎麼會跑去土城區接觸個案？」

阮清水答：「那是越南的姊妹來找我幫忙。」

組長說明：「慈濟有區域編制，如果要跨區幫忙，應該知會當區的志工一起去。」

她一頭霧水：「我們都是越南人，自己的同胞需要幫忙，為什麼不能跨區？」

組長解釋：「我們希望志工要落實在自己居住的區域，三重的活動都很少看到你的人啊！」

她很無辜地表示：「可是我沒有亂跑，每天都在做志工，沒有一天不在慈濟啊！」

組長也不知要怎麼跟她溝通，只好去找蕭鳳滿。

自一九九六年賀伯風災後，慈濟推展「社區化」志工編組方式，形成一個快速啟動的系統，一旦當地有事情發生，就能立刻下聯絡網，號召當地志工迅速集合。

這種編制，在九二一大地震時，驗證了極佳的救災成效。相對的，如果未能落實，和組隊都不熟，一旦有狀況，很可能就錯失就地緊急協助的功能。

阮清水不了解這樣編制的主要精神，所以在組隊裏變成一個問題寶寶。並非不能跨區協助，編制的用意是找就近的志工，讓任務有效率達成。但是這方法，不見得適合新住民，如果那一區缺乏語言可以溝通的人，能幫的忙就很有限。

蕭鳳滿明白這個狀況，只能請組隊多多體諒阮清水，因為那些越南姊妹只要一有事情，就會找阮清水幫忙。大家在這塊陌生的土地生活，阮清水是熱心助人的慈濟人，當然樂意幫助家鄉的人，也必須親自去處理，才能夠讓姊妹們安心。

蕭鳳滿跟阮清水說：「我知道你的難處，就盡力而為吧！其他的我會去幫你解釋。」

所幸，後來慈濟臺北分會設立了一個窗口，讓她能直接通報新住民個案，解決編制上的爭議問題。

在慈濟各社區活動裏，有特別為新住民安排的課程，內容包括學習溝通、環保精進、親子關係、家庭關係等，新住民剛嫁來臺灣難免壓力大，慈濟希望像個大家庭般，讓他們可以帶小孩、老公、家人一起來參加。

阮清水在推廣招生的過程中，認識了許多越南姊妹，其中阮青巒不但加入慈濟做志工，還跟著她學做果凍花。

阮清水很喜歡阮青巒的個性，她覺得阮青巒是個積極參與活動、很準時、幾乎不遲到、脾氣好、總是面帶笑容的一個人，平時雖然話不多，卻很會做事。

阮清水剛加入慈濟做志工時，常常急著把事情做完，有時態度、說話方式，會因急躁不小心得罪人，這時阮青巒就會不疾不徐地提醒：「姊姊，講話要慢一點啦！」阮清水也很慶幸有這些好姊妹一路上相互提攜、提醒。

阮青巒原本住在胡志明市，二〇〇一年嫁來臺灣，先生是嘉義民雄人。她的大伯是慈濟志工，剛來臺灣第一年，大伯就介紹她到環保站做志工，因為中文不太好，和大家難以溝通，覺得無趣，做了一年，就沒有再繼續了。

二〇一二年，慈濟在三重市綜合運動場舉辦活動，阮青巒帶小孩去玩，有志工知道她是越南人，就請阮清水當翻譯，阮清水的熱情和親切打動了她，阮青巒當場報名參加新住民課程。

有一次浴佛典禮結束，阮清水招呼大家一起拍照。

阮青巒一聽就跑過去拉著胡玉玲的手，親密地和大家合照，她只知道胡玉玲也是越南人，彼此並不熟，卻笑呵呵地很自然拉住人家的手，胡玉玲也對她點頭微笑。

從這時候開始，阮青巒嫁來臺灣後的孤單、寂寞、想家的感覺，慢慢變淡了。在慈濟裏，有這麼多越南姊妹聚在一起，覺得很溫暖，感覺慈濟就像自己娘家，所以她決定加入志工行列，成為阮清水的小雞。

只是阮清水太忙了，沒時間好好照顧陪伴，只好跟她說：「做志工做的開心快樂最重要。」

阮青巒想了想，自己確實做的很快樂。從前她如果不開心，會摔東西出氣；別人批評她，會直接回嘴。

在做志工多年後，她逐漸學會反省和思考，學會不計較、善解與包容。她和別人相處變得輕鬆了，就算有人笑她越南人怎麼樣，她也不會在意，連同事都感受到她的改變。

以前回去公婆家，因為陌生和語言不通的關係，她總是把自己關在房間裏，很少和一家人互動。當志工後，她會主動關心大家，婆婆甚至開心祝福她：「能做志工是很有福氣的人。」

阮青巒了解到，「如果我們臉上露出開心的表情，也會影響別人變得開心，如果是一張苦瓜臉，別人也會跟著不開心，所以我要天天都很開心，希望身邊的人也感到快樂。」

在家人支持下，阮青巒受證成為慈濟委員，她和阮清水一樣，希望能幫助更多的新住民姊妹。

阮清水會帶新進志工去孤兒院、老人院，希望啟發他們寬廣的愛心，回饋腳下踩的這塊土地，她認為如果不能認同這裏的一切，日子會過的很辛苦。

胡玉玲就是個讓阮清水很心疼的小雞。

住在越南芹苴市的胡玉玲，二〇〇〇年嫁來臺灣，她還記得到達臺灣的那一天，已經晚上十一點多了，正好碰到媽祖遶境，非常熱鬧，臺灣人對宗教的虔誠，讓她印象深刻。

懷著期待嫁來臺灣，生下孩子，日子卻開始變調。先生失去工作，整天在家裏打牌，甚至外遇，她認真工作賺錢養家，對他的行為只能默默忍耐。老公罵她只會工作，沒有照顧小孩，沒有打理家裏，甚至逼問她要不要離婚？

胡玉玲鬆口答應離婚，沒想到老公卻抓狂地毆打她，百般傷害她。胡玉玲害怕恐懼，尋求不到任何幫助，後來進行家暴訴訟時，也沒有人站在她這邊。她孤立無援好想死，卻捨不得兩個兒子。她只能鼓勵自己要好好活著，而且要活得更好。

離婚後，每次要去前夫家看孩子，只能隔著鐵門看，連抱一抱都不行，甚至前夫的女友還報警趕她走，不讓她看小孩。之後，幾乎再也見不到兩個兒子了。

胡玉玲心裏很恨，她恨臺灣、恨前夫、恨所有的一切，怨老天爺為什麼對她這麼不公平，讓她遇到這樣的事？

二〇一二年，簡志宗有位朋友開麵店，請了一些新住民來工作，阮清水常去店裏募心募款。她總是滿面笑容地說：「十元、二十元都好，我們捐的是愛心，不是錢，一分心意最重要。」

阮清水的親切打動了很多人，大家紛紛捐款，那時胡玉玲就在麵店工作。而阮清水每次去收功德款，總會買很多越南小吃去結緣。

胡玉玲很好奇：「你來收幾十元的善款，卻買那麼多東西來給大家吃，那些都不只幾十元啊！」

阮清水解釋：「結緣啦，幫助姊妹們做點心賺些生活費啦，只是希望大家吃的開心。」

感動之餘，胡玉玲不只捐一百元，有時還捐兩百元，倒是阮清水會阻止她：「不用捐這麼多啦，大家賺的都是辛苦錢，有心就很好了，錢多錢少不重要。」

胡玉玲篤定地說：「我很樂意捐，我可以的沒問題。」

阮清水感覺這位姊妹好有愛心，就向她介紹慈濟新住民的課程，也邀請她來做志工。

胡玉玲因為離婚及孩子的事，心情很差，怨天尤人，因此一開始並未積極投入慈濟做志工。

直到二〇一三年，看到海燕風災重創菲律賓中部，造成幾千人死亡的慘況，胡玉玲深受震撼，揪心的悲憫情懷油然而生。「我一直覺得自己很苦，卻沒想過，有人比我更苦……」

胡玉玲很慚愧，想到曾聽志工說：「上人年歲已大，需要更多人出來承擔。」她心想，對啊！應該要出來承擔，不能一直陷在自己的苦裏面。

她開始積極參與志工活動，也和阮清水愈來愈熟悉。上委員培訓課的時候，阮清水總是鼓勵她分享，她只要講到嫁來臺灣的委屈，就會忍不住悲從中來，哭得很傷心，大家聽了也很心疼，都會抱抱她、鼓勵她。一次又一次，胡玉玲不再哭了，她從這裏感受到很多溫暖，決心站起來，開始新的人生。

後來，阮清水開始做果凍花時，問她要不要一起來學，她搖搖頭：「做這個很複雜呢，不要啦！」

當阮清水接的活動愈來愈多，結緣的果凍花數量也愈來愈多時，本來就熱心的胡玉玲終於看不下去了，乾脆也去學習，直到現在，一到假日休假時，她就會來幫忙做果凍花。

阮清水總是分享：「雖然我們沒有很多錢，但大家一起來可以幫很多忙，做很多果凍花和大眾結好緣。」

因為婚姻不順，胡玉玲曾經怨恨全世界，加入慈濟委員培訓受證後，她深深感受到臺灣人對新住民的愛和關心，坦然接受因緣果報。

「如果再碰到前夫，我會真心謝謝他，因為他當初帶我來臺灣，我才有機會認識慈濟，改變自己的人生。」她這麼想。

雖然和兒子們幾乎斷了音訊，她也不強求，只是默默用他們的名義捐款。後來兒子偶爾會跟她聯絡了，胡玉玲很珍惜，覺得這樣就很好了，只希望孩子平平安安，不再奢求其他。

胡玉玲的種種改變，讓阮清水很欣慰也很感慨，家家都有本難念的經，人人都有苦，自己絕不是最苦的，要體悟這些不困難，關鍵在於自己願意走出去，見識外面的天空，敞開心胸欣賞世界的風景，心境轉變了，就是海闊天空。

阮清水還在做打掃工作時，晚上也會利用時間去餐廳洗碗，有越南姊妹告訴她：「姊姊，陶陽菁很需要工作，你可以幫忙問問看嗎？」阮清水說：「可以一起來洗碗啊，這裏還有缺人。」

陶陽菁是由一位印尼新住民帶進來慈濟的越南人，原本阮清水和她不太熟，一起工作後才漸漸熟稔，兩個人都很拚，連過年期間也沒有休息，天天去餐廳洗碗。有空時，阮清水就會邀請陶陽菁一起去做志工。

住在越南永隆省的陶陽菁，二〇〇二年嫁來臺灣，先生帶著一束捧花和巧克力來接機，剎那間，她覺得開心也感到幸福，對於臺灣這個陌生的環境就沒那麼擔心了。

因為老公是老大，底下有三個弟弟，她負責照顧中風的公公，只有星期日小叔會輪流照顧，讓她休息。

照顧了六、七年，公公往生了，又過了兩年，婆婆也去世，一直以來，照顧老人家是她的責任，突然公婆都走了，她覺得心裏空空的，不知道該做什麼、還能做什麼？

「公公過世的時候，很多不認識的慈濟人來幫忙助念，覺得很感動，後來婆婆過世，慈濟人也有來，我一直很感謝，也想要回饋，所以就跟著進來做志工。」

認識阮清水後，她也主動幫忙做果凍花，兩人常聚在一起，有人會調侃說：「你們好像姊妹喔，做事情、做志工，連吃的東西都一樣耶！」

阮清水總是誇陶陽菁比自己還要好，「沒有看過她發脾氣，都是在微笑，不像我個性那麼直啦！」

陶陽菁笑瞇瞇說：「我老公很會碎碎念，有時候可以念兩、三個小時，以前我會有點不耐煩，現在回家，老公如果又開始念，我就甜一點，跟他撒嬌，他就會念不下去，這樣我才能安心去做志工。現在啊，我覺得最重要的事就是，跟著師父的腳步走，不管碰到什麼事、什麼人，都要好好珍惜。」

曾經有人抱怨阮清水，沒有太多時間陪伴她們。阮清水解釋：「我帶你們進慈濟，但修行在個人，有依靠，就不容易學會自己想辦法。」

阮清水推廣果凍花，認識了許多新住民姊妹，來自四面八方的教學邀約不斷，她很樂意分享，與這些姊妹結的緣也愈來愈深。她受證時曾發願：要接引更多新住民，幫助他們找到快樂和幸福的人生，這個心願透過果凍花實現了。

「我只有一個單純的想法，就是要回饋、服務社會，把上人的法傳出去，不斷地做，不斷結善緣，就是我推廣果凍花的目標。」

阮清水到處教學，唯獨沒在三重開課。她解釋說：「我有很多越南姊妹在三重教學，我怎麼能跟他們搶學生？當初，我教她們做果凍花，就是想幫助她們自力更生賺錢，所以我不能搶她們的資源。」

無論別人能不能懂，阮清水總是盡量替別人著想，心甘情願付出自己所能做的。她單純地希望能幫助更多新住民，讓他們生活在臺灣這塊土地，不只快樂幸福，還有餘力幫助別人。

靜思語潛移默化

有人問阮清水：「你為什麼不相信你的孩子將來會很好呢？為什麼要

先擔心？」

她說：「小孩好不好，不是我們能控制的，我只能跟他們說，長大了，要對自己負責，先決條件是不要做壞事。成長的每個階段，交的朋友都不一樣，每一步都要很小心。」

阮清水的擔心，其來有自。兩個兒子經常吵架，甚至在學校跟別人打架，她擔心萬一他們將來做了不好的事，是她這個母親沒有把小孩教好，所以她下定決心努力做志工，服務更多的人，來回向祝福孩子。

投入環保後，她把兩個兒子都帶去。孩子們抱怨很累、不想去，她開出條件鼓勵他們繼續堅持：「只要跟媽媽去做環保，結束後，你們想吃什麼、買什麼，媽媽都答應。」

她參加讀書會，怕自己聽不懂，也帶兒子一起去參加，方便講解給她聽。她特別喜歡《靜思語》的內容，因為無法全部看懂中文，就請小孩念給她聽。孩子把讀《靜思語》變成習慣，每次媽媽一回家，就主動念一句給她聽。

她還讓兒子參加慈濟的各項活動，像國小的慈幼班、國中的慈少班、高中夏令營。上慈幼班時，老大曾對媽媽分享：「我都沒有童年的快樂，因為你一直打我，還拿刀威脅說，如果不乖就要殺掉我，害我每天都做惡夢，夢到你要殺死我。」

阮清水聽了很難過，眼淚噗簌簌掉下來，馬上去抱抱兒子，跟他道歉。她也是做志工後，才知道怎麼去愛小孩；走進慈濟這個大家庭，才感受到親情的愛多可貴。

兩個兒子非常調皮，上課總是動來動去。阮清水軟硬兼施，拜託他們參加慈濟活動要認真上課，甚至威脅如果不認真配合，就不給零用錢。母子之間，常處於劍拔弩張的緊張狀態。

有一次為了表演要進行彩排，兩個兒子故意搗蛋，阮清水非常生氣當場罵他們，志工趕緊安撫要她先離開一下，「你的小孩平常表現還不錯，可能是故意跟你唱反調而已。」果然，她不在現場，兩個兒子反而很配合彩排。

有一年暑假，她幫孩子報名慈濟營隊，兩個兒子拖拖拉拉不想去，阮清水氣地衝到房間開罵：「八點要上課，我六點就起來幫你們做早餐，準備東西，你們還一直拖拖拉拉。」

兒子皺眉抱怨說：「我們平常上課已經很累了，暑假還要去慈濟上課，可不可以不要去。」

「快要遲到了，再這樣慢吞吞，我就動手打下去了。」

「媽媽，靜思語有說，生氣就是拿別人的錯誤來懲罰自己，你不可以打我們。」

「好，我現在把慈濟制服脫掉，看我怎麼修理你們？」

「媽媽，你是慈濟人，怎麼還這麼兇？」

「如果我溫柔一點，你們就會去上課嗎？」

兩個兒子最後只好投降，不情不願地跟著她去上課。

其他志工曾再三提醒她不要打小孩，盡量用愛的教育理性溝通，可是面對兒子再三表明不想去上課、不想去做志工，阮清水就是無法接受，導致親子衝突時常上演。

後來兒子熟讀《靜思語》，常常拿《靜思語》來對付媽媽。

當發現阮清水快要生氣時，兒子會趕快說：「媽媽，生氣就是短暫的發瘋喔！」

阮清水念他們：「家裏這麼亂，為什麼不整理好？」

兒子會回：「媽媽，感恩尊重愛。」

阮清水啼笑皆非：「我不尊重你嗎？我又沒有罵你、打你，我是用講的，這樣還不尊重嗎？」

有時候數落他們哪裏做的不好，要改進，兒子會說：「媽媽，要比誰愛的多，不是比誰計較的多。」

她一氣之下，以其人之道還治其身，乾脆把家裏的牆壁全部貼滿《靜思語》。兩個兒子從小跟著阮清水做環保、參加慈濟活動，終於，老大要離家去臺中讀大學，高興地宣布要從慈濟「退休」了；老二也說，哥哥不去做志工，他也不要再做了。

多年的志工生涯，阮清水也轉變了很多，懂得看到自己的缺點，更不會再去勉強別人做什麼。她相信孩子在慈濟的那幾年，已經種下善因緣善種子，希望這些善緣能在他們的人生道路上有所幫助，只要不去做壞事，不傷害別人，她都會尊重他們的選擇。

如今，老大離家讀書，老二選擇去工作，兩人無論再怎麼忙碌，總會回家看看，尤其一定會去探望阿公、阿嬤，老二說：「孝順是一定要的，我覺得不管在外面有多少成就，家人還是最重要的。」

孩子懂得孝順，讓父母感到很欣慰，不管將來走什麼路，至少內心都是柔軟的，不會偏差。

果凍花之悟

「哇，有一朵花。」

「對啊，是玫瑰花。」

「我的是蓮花。」

小朋友小心翼翼捧著掌心裏的果凍花，滿臉掙扎，因為老師說了，要全部吃光不能剩下來。

他們捨不得吃，可是聽老師的介紹，好像很好吃的樣子，於是有的拿起湯匙直接挖下去，想知道到底是什麼味道。

「我吃到地瓜的味道，我的玫瑰花是紫色地瓜做出來的耶！」

「這個葉子是抹茶做的，我吃到抹茶的味道。」

小倫耐心地挖最外圍的果凍，以及最底層的黑糖白木耳果凍，他小心地吃著，就是怕破壞雕在果凍裏的那朵花。

子右東看西看，好想知道花瓣的味道，最後決定從最左邊開始挖起，因為太好吃了，一下子果凍就見底。

立文不捨得動手，她想要帶回去給爸爸、媽媽吃。對阿芙來說，好吃是最重要的，她直接了當從中間挖下去，當她把那朵蓮花吃掉時，還舔了舔嘴唇，對抹茶和南瓜的味道相當滿意。

這是淡水區的一所小學，阮清水受邀為小朋友們介紹果凍花，講解天然的食材是怎麼搭配出來的，小朋友在看到果凍花的剎那，全都驚豔大叫，又聽到這是地瓜、抹茶、山梔子、南瓜、黑糖、白木耳……做出來的，忍不住嚥了嚥口水。

不只是小朋友興奮，老師們看了也很驚奇。

「這麼漂亮的顏色，竟然不是色素做出來的？」

「沒想到天然的食材，也能搭配得這麼美啊！」

一身白衣藍裙的阮清水，面對大家的反應，含笑以對，耐心解釋如何使用天然食材，雕琢出一朵朵燦爛的花，同時也教小朋友幾句簡單的越南話問候語。

她認為食物應該吃健康的，拿掉色素，放棄化學，自然能從中吃到甘甜的美味。培養孩子從小就懂得選擇好的食物，灌輸他們正確的觀念，足以影響將來的生活方式，這是她想要推廣果凍花的重要因素。

剛開始，阮清水只是為了吃的健康與品嘗天然原味，一頭栽進研究果凍花的世界，卻在一次次摸索與製作過程裏，從果凍花看到另一種人生。

深夜廚房做實驗

芒果，不穩定；火龍果，顏色漂亮但容易走色；鳳梨，酸度太高；百香果，太軟不易成形；檸檬，失敗率很高……

阮清水日復一日地實驗，看著眼前一籮筐的失敗品，她決定捨棄用新鮮水果來調色的想法，因為她驗證了一件事，酸度會影響定色，這是新鮮水果幾乎都失敗的原因。

她突發奇想，那麼改用新鮮的米，行不行呢？首先，她將白米熬煮成漿調成白色，可惜，過不了多久就褪成透明狀；換成黑米、紅米，還是會走色，失敗的經驗，讓她一度好洩氣。

那麼新鮮蔬菜行不行呢？紅鳳菜打成漿調出來的顏色很好看，而且能定色，真是漂亮，可是吃起來味道怪怪的。

紫色地瓜或南瓜煮熟打成泥，色調雖然不錯，但紋路總有粉粉的感覺，會破壞美感。

黑木耳、白木耳、紅棗都是養生食材，應該不錯吧，可惜吃起來味道也是怪怪的。

阮清水雙手撐著下巴，呆呆看著滿桌的實驗品，不是定色不漂亮，就是口感不好。她無奈嘆氣，苦思到底要怎麼做，才能達到最好的效果？

每天下班後，忙完所有的事，她就善用夜深人靜的時間，研究果凍花的製作方式。

她堅持不用色素，堅持選用天然食材，她認為美麗漂亮的東西不應該有毒，用化學調色做出來的固然讓人驚豔，卻「中看不中用」，只能看不能吃的，不叫做食物。

半年多來的練習，有時成功，但大部分都是失敗，她甚至改用果醬嘗試，定色上仍然不理想。

有一天，她把靜思書軒的產品拿來試做看看，沒想到出乎意料地成功，用五穀粉、可可粉、麻荠粉，定色及口感都很不錯。

但是家人常常潑她冷水：「做這個果凍花沒有用啦，你一直做，人家也不會接受，慶生都是吃蛋糕，沒有人會吃果凍。」

每天都很辛苦、做得很晚，卻常常被家人碎碎念，阮清水難免心情低落，但就是一股不服輸的精神，讓她繼續堅持下去。

窩在廚房裏不停地做實驗，她從來沒想過要放棄，因為在製作過程裏，她看到了自己。

黑夜，萬籟俱寂，她突然覺得：「很多人一聽到果凍花，就會覺得不健康、有色素、只能擺著而已。就像我的人生為什麼這麼糟糕？不，我一定要提升自己的價值，讓別人打從心裏接受我這個人，才叫做轉變。」

那一刻，阮清水對著桌上滿滿的失敗品笑了笑。她下定決心，要實驗出天然健康的果凍花製作方式，要把果凍花推廣出去，讓更多人知道，改變是可能的，這是人生的價值。

二〇一五年，阮清水和志工們一起舉辦越南茶會，當天要準備很多點心，有越南的志工拿照片給她看。

「姊姊，你看，這個果凍花很漂亮，我們要不要做這個？」

她看了一眼，是很漂亮沒錯，「以後可以試看看，現在沒時間做啊！距離茶會沒幾天了，來不及學啦！」

茶會忙完後，那位志工就決定自己做做看，然而按照網路食譜做出來的果凍花，都不好吃。

志工又鼓動她：「姊姊，你也來一起學嘛！」

她笑了笑，「不要，我不愛吃甜的。」

阮清水很佩服這些越南姊妹們的用心，她們是為了想要準備活動的點心，才去學做果凍花，但她覺得漂亮而已，並不好吃，加上白天要做打掃的工作，還要照顧自家開的小吃店，實在分身乏術，沒有時間。

後來打掃的工作縮減，每個月收入不到兩萬元，根本無法應付認養的獨居老人便當。

她想起越南姊妹說的果凍花，不如試著做做看，或許有商機。上網查詢，發現果凍上面那些漂亮的雕花，都是添加色素做成的，食安問題一直都受到社會大眾關注，沒有人會想吃化學的東西，更何況她想學果凍花，當然是希望大家吃到健康的食物。

「如果做果凍花，要怎麼把色素改掉？全部用天然食材來做，不知道會不會很困難？」她思索著，決定動手做做看。

她經常從晚上七點做到凌晨兩、三點，做好了全部拿去四處結緣，同時也請大家給點建議。

結果，她發現大家都不敢吃，因為他們直覺以為這是色素做出來的。有些人不好意思拒絕，當場歡歡喜喜收下，卻不敢吃，有些人則直接丟掉，甚至說些不好聽或懷疑的話。

阮清水想起證嚴法師在《人間菩提》節目中，曾數度開示：「你如果不愛自己，別人怎麼會愛你？你不提高自己的品質，別人怎麼看得到你的品質？」

阮清水心想，別人不相信就算了，但她要透過自己的努力，來改變大家對果凍花的看法。

每天打掃工作結束後，她就利用晚上時間繼續練習，用一種祝福的心，邊做邊聽佛號或法師開示，對於別人的不信任和懷疑所造成的小小難過，也漸漸釋懷了。

不料，兒子卻覺得很詭異，並困惑地問：「媽媽，你做果凍就算了，還聽那個經，好可怕。」

「怎麼會可怕？聽經很好啊！」

「不是人快死了才會念經嗎？這樣人家吃你的果凍會怕。」

她啼笑皆非，慎重地解釋：「念經是一種祝福，隨時隨地都可以誦經，不是人死了才要念經。」

兒子似懂非懂，沒再說什麼，不過，阮清水很感謝老公和兒子，因為他們是最佳的實驗品試吃者，雖然吃的不是很情願。

「媽媽，這個要甜不甜的，不好吃。」

「這個什麼東西呀，甜死了。」

「這個味道很像塑膠，好難吃。」

簡志宗很少贊成她做什麼事，這一點讓阮清水有些懊惱。決定要做果凍花，他沒有幫忙就算了，還不停吐槽：「做這個沒有用啦，誰會吃？」但念歸念，做歸做，當家裏擺滿一堆失敗品時，都是簡志宗悄悄吃掉的，也會開車載她拿果凍花去跟人結緣，這種心口不一的性格，又讓她覺得好窩心。

雖然失敗次數太多，阮清水卻做出了興趣，當初因為打掃工作減少而煩惱也消失了，她相信一切都自有因緣。

許是菩薩關了這扇門，要讓你去做別的事情，只要往自己的內心去尋找，就會看到另外一片風景，不能讓自己一直停留在懊惱悔恨裏。

是啊，明明有新路可以走，何不迎向光明道路。

賞心悅目又天然

有一次，證嚴法師行腳到臺北關渡大愛電視臺，有人希望她能做果凍花給法師看看，因為她歷經半年的研究，運用靜思書軒特有的麻芛粉、可可粉等，做出來的果凍花美麗又好吃。

當她喜孜孜地想，要做什麼口味、什麼造型的果凍花時，一位越南姊妹小心翼翼地問：「姊姊，我們用的粉是越南的，這樣好嗎？萬一有什麼問題……」

製作基底的果凍粉，她用過許多品牌，最後覺得用越南土產的蒟蒻果凍粉最適合，最容易上手，這是她特地選過的完全純天然的蒟蒻果凍粉。

但她也明白對方的憂慮，因為當時媒體充斥著食安新聞，她也擔心面對法師時，沒有時間或機會解釋清楚，若是改用臺灣製造的蒟蒻果凍粉，會不會讓人更安心些？

想著想著，她心裏默默祈求：「上人，我是非常虔誠要做給您吃的，我沒有要害您的意思，這些食材真的都是天然的……」

同時，她也祈求能盡快順利找到臺灣本土的蒟蒻果凍粉，幸運的，幾天內就找到了，這家廠商的配方和越南的那一款很相近，用起來效果也不錯，所以她立刻改用這款蒟蒻果凍粉。

「紅色是火龍果，綠色是麻芛粉，黑色是可可粉……」

到了法師行腳那天，她奉上果凍花，緊張地一一解釋成分及製作方法，法師頷首微笑，表示選用天然的食材就是一種用心，並讚美果凍花的精緻及美麗，她這才鬆了一口氣，安心了。

大愛電視臺認為她能選用天然食材，又能把果凍花做的如此漂亮，是一件不容易的事，專程拍攝製作過程，在大愛新聞播放。令人驚豔的果凍花聲名大噪，詢問的電話應接不暇。

「要去哪裏學果凍花？」

「來我家，我免費教你們。」

一開始，她就在家裏免費教學，每周都有好多人來上課，兒子忍不住說：「媽媽，那麼多人來我們家，一點隱私都沒有。」

她雖是單純想要教學，可是人來人往，已經干擾家人的生活。後來，她乾脆跟公婆租下一個店面，月付三萬元租金，從此才放心教學了。

有人建議：「可以做果凍花來取代蛋糕啊，生日的時候可以推廣。」

有人吐槽：「臺灣人不會接受這種東西的啦，大家都會以為這是色素做的，有誰想要吃？」

阮清水耐心說：「所以才要招收學生來學習，讓他們自己做自己吃，要不然我講得天花亂墜也沒用。」

例如從前在公婆面前，她費盡唇舌解釋了千百遍，都不如小孩講一句；同樣的道理，講一百遍成分有多天然、多健康，都不如讓對方親自做做看。這些學生回去後，自然會和家人、朋友分享，一個人講不贏大家，不如讓更多人來見證製作過程。

這是她多年來，持續堅持教學的原因，不為名，不為利，就是為了讓更多人認識果凍花。證嚴法師說過，布施，就是因為有福氣，才會去做布施這件事。

阮清水想要做一個很有福報的人，雖然自己沒什麼錢，但可以服務別人，教果凍花也是一種服務和付出，對她來說就是無價之寶。愛心就是無價，包括做果凍花都是四處結緣，她不想收錢。

有人說：「你不能都拿來結緣，要收費才行，像小的可收一百元，大的訂價一千元。」

她有自己的想法：「萬一對方家裏經濟不好，只有五十元，那就吃不起了，怎麼辦？我還是想要結緣就好，如果對方真的想付費，可以自由捐款，這樣才不會給彼此壓力。」

如果義賣不訂價格，會造成大家困擾，阮清水也不固執己見：「那就交給你們決定，什麼價格都可以，大家方便就好。」

她抱持隨緣的心，不給別人添麻煩，因為隨順因緣就是給眾人方便。例如教學是免費的，可是有些人會不好意思，堅持要付費，她不願打破推廣的心願，就準備竹筒，讓大家自由投錢，等竹筒滿了再拿去捐，如此一來，皆大歡喜。

常有越南的個案會找阮清水協助，其中有位罹白血病的年輕人，醫療費、生活費開銷龐大，阮清水擔心他們的負擔太重，就商請年輕人的媽媽回越南時，幫忙買做果凍花的工具。

她跟學生們說：「你們來這裏免費學習，但是相關的材料和工具要自己付錢，我們可以一邊學習、一邊做善事，大家來義買這些工具，也算是幫助這個弱勢家庭，你們如果不相信，我可以帶你們去榮總找這位媽媽，我是為了幫忙他們才賣這些工具，並不是我自己要賺錢。」

為了怕引來誤會，阮清水解釋的很清楚，加上做果凍花本來就需要稱手的工具，學生紛紛掏錢支持，所有的工具都賣完，她高興地把這筆錢全部交給這位媽媽，希望能多少有所幫助。雖然，年輕人最終不敵病魔往生了，至少生前感受到社會的一點溫暖。

雖然已經開始教學了，阮清水並沒有停止實驗製作果凍花。

紅麴、豆漿、杏仁……味道有點怪，不好聞；咖啡味道不錯，大人都滿喜歡；椰奶是白色，可以做為基底，口感也好。好歸好，卻不能以此為滿足，天然的顏色難以調配，是因為蒟蒻果凍粉、天然食材、基本食材，這三者混搭之後，往往會有意料之外的情況。

例如只用蒟蒻果凍粉和天然食材做出來的花色很透明，但無法定色，有時甚至太鮮豔，用鮮奶、煉乳來調配基底，再加上蒟蒻果凍粉和天然食材，就能做出很穩定的色彩，但有些人吃全素不吃奶製品，加上鮮奶煮久了會產生奇怪的味道，她改用椰奶取代牛奶做基底。

不過，單是椰奶這一項，她就幾乎試盡了所有的品牌，有的水分太高，有的味道奇怪，有的色調混濁不夠白……好不容易，總算找到理想中的椰奶，她興奮地差點睡不著覺，因為椰奶是基底，扮演很重要的角色，基底穩定了，其他就容易了。

通常做果凍花結緣，都是小型活動居多，阮清水第一次接到的大型活動是佛教論壇。

靜思精舍有位常住師父向她詢問：「四月份有一場佛教論壇，能不能做果凍花與大眾結緣？」

這麼重要的活動，阮清水當然滿心歡喜地答應了，立即號召學生一起來做志工。剛開始接是五百個，過沒幾天，數量一直往上攀升。

常住師父感到抱歉地問：「報名人數一直增加，可以做一千五百個果凍花嗎？」

阮清水毫不猶豫點頭說好。

過了兩天，「人數又增加了，需要做兩千個，可以嗎？」

阮清水還是毫不猶豫地說好。

這下換成學生著急了，「老師，你什麼都說好，我們做的出來嗎？」

她認真解釋：「這就是一個信念，更多就是代表有福，一定要收下來，怎麼能夠說不呢？我們只要很認真去做，就像在供佛一樣，相信菩薩一定會幫助我們完成任務。」

學生們雖然接受這個信念，但是過程不是那麼順利，層出不窮的問題一一出現。

「老師，果凍花的花樣打不好怎麼辦？」

「上人說用心就是專業，只要你用心，佛菩薩會看到，慢慢就會愈來愈好，不要緊張。」

由於她平時就有教授體驗課，所以特別商請臺中的學生來支援，他們滿心歡喜答應了，趕來幫忙做果凍花的人愈聚愈多。

「老師，我怕我做出來的不好看。」

「我們又不是要比賽，如果你做得很漂亮，當然是很好，可是高超的技術技巧就能做出美麗的果凍花；但如果你很用心，吃到的人會感受到你的付出，真正開心吃到心坎裏，遠比外表的漂亮還重要。」

確實，學生們做出來的品質參差不齊，細膩度以及美感都沒那麼完美，有人私下提醒她：「要做好品質控管，嚴格要求大家才行。」

可是她心裏想，人家特地大老遠跑來做志工，有什麼權利叫人家一定要這樣做或那樣做呢？只能請大家幫忙配合罷了，做的好或不好，她都會接受，因為知道大家盡力了，只要水準之上就可以了。阮清水看重的是心意，是這個結善緣的心，不想拂逆別人的一片熱忱。

有人擔心：「老師，如果我做不好，會不會壞了你的招牌？」

阮清水笑了，「我的品質、我的名聲，是自己給的，沒有人能給我；就像有的學生會說：『老師，我出去如果做的不好，會怕人家說這是阮清水的學生。』怕什麼呢？我們要自己證明自己，我的學生並不代表我，真正會把名聲打壞的，只有自己。」

這一點她很堅信，就像很多人加入慈濟，想要追隨證嚴法師，可是一旦這個志工做的不好，大家不是責怪他不求精進，反而責怪慈濟和法師，這樣公平嗎?她不擔心學生做不好會影響自己的名聲,而認為自己的名聲若是不好,那肯定是自己真的做的不好。

所以,她總是坦然地跟學生說:「你們放心去做、去學習、去教學、去推廣,我的品質我自己照顧,不必擔心拖累我。」

為了這一場佛教論壇,大家從早忙到深夜十二點、一點,直到全部完成,再收拾整理,已經沒力氣去看時鐘了,只知道終於把兩千五百個果凍花圓滿完成。

阮清水感謝學生和志工們不辭辛苦來幫忙,尤其是桃園、三重地區的志工,不僅來幫忙做,還加入試吃行列。每天早、中、晚時段,都義不容辭試吃,嚴格把關,一再確認品質,希望每一批新的果凍花,都不只是好看,而且好吃。

阮清水堅信是佛菩薩在幫忙,讓她順利完成任務,但也因為雜音太多,她深刻體會:「在人群中做事,難免會被指指點點,不要被批評就很難過或生氣，就像上人說的：『批評當成教育，讚美要當成警惕。』我們應該一直學習做得更好，不是被批評了，就退轉不做了。」

做果凍花也一樣，一朵花打不好就是退了一步，可是退了一步，一定要再進三步，重覆做到好；不是退了一步，就原地不動站在那裏，或者不做了，那當然永遠都做不好。

這一次盛典，阮清水始終保持平常心看待，反而是學生們很憂心，一是怕做不好，二是怕數量做不出來，能來幫忙的人來來去去，時間難掌握，種種不確定都讓人不放心。直到盛典結束，學生們才鬆一口氣。

「老師，我那天真的好緊張，緊張到快要不能呼吸。」

「對啊，我們只知道拚命做、埋頭做，又不敢跟老師講，怕會給老師壓力。」

「老師，難道你都不怕嗎？要做那麼多果凍花耶！」

阮清水真的沒想那麼多，只想著能做多少就做多少，用結善緣與供養佛的心情，她相信佛菩薩會讓一切都圓滿。

佛教論壇結束後，有更多人驚豔果凍花的奧妙，也有更多人認識它百分之百純天然，於是他們陸續接了許多營隊的訂單。阮清水一路帶著學生們南征北討，雖然很累很累，心裏卻有著滿滿的歡喜，大家終於相信果凍花也能用天然食材做出來，敢安心地吃下去，眾人的「信任」，是她獲得的最大成就。

在困難中尋找方法

做到後來，阮清水不只是食材調色應用得心入手，花朵的雕飾技巧也更加巧奪天工，口感上的美味更無可挑剔，然而，完美的果凍花送到人家手上時，卻會產生分離現象。雖然收到的人總是說沒關係，阮清水心裏卻很難過，明明漂漂亮亮，怎麼會無法結合？

原來，果凍花雕飾完成後，需要另外淋上一層果凍鋪滿做底層，稱為「封底」，分離的問題就在這裏。

她想了很久，找到了解決方法，「封底」用的果凍必須是熱騰騰狀態，才能夠和果凍花雕產生「黏」結，不夠熱的話，就容易分離，修正之後，果然就好了。

當她以為問題解決了，沒想到只是比之前撐的久了一點，沒多久，還是又分離了。

她再度陷入苦思，是否表面太過平滑？試著用叉子將果凍花雕的底層刮出許多線條，等於產生空隙，再淋上熱騰騰的封底果凍。果真完美結合了，而且放到隔天也沒出狀況，她以為成功了，興沖沖地拿去送給別人，沒想到，對方事後告訴她，又分離了……證實這次的時間，比之前撐得更久了些。

阮清水有了想哭的衝動，但也體認到一件事：放著不動都沒事，但是只要過度晃動就會分離，那依然是失敗。沮喪歸沮喪，她仍打起精神，繼續研究對策。

不知是第幾次實驗了，她將果凍花雕做好，用叉子刮出線條，熱騰騰的果凍封底也煮好，她卻遲遲不進行封底，仔細瞧到底有什麼玄機，導致分離現象無法克服？

突然，她看到幾絲晶瑩的水光，難道是殘留的水珠影響了緊密嗎？

她心裏猶疑，先拿紙巾將表層的水分完全吸乾，確定沒有殘留後，就迅速的將熱騰騰的果凍淋上，進行封底。她像發現新大陸，深深鬆了一口氣，至少，她又嘗試另一個可能性。

這一批果凍花送出去之前，她用力搖了搖，還切開來看看，心裏沾沾自喜，因為已經沒有分離的現象了。她開開心心拿去結緣，等了幾天，忍不住打電話去詢問，所有的回答都是：沒有分離，都好好的呢！

果凍花到了這個階段，總算圓滿實驗成功了。她開心地想跳起來歡呼，此刻她告訴自己，「堅持是對的！」

深夜裏，她靜靜思考整個過程，有一種體悟——

「人，就是受傷了才會成長得更好。果凍花雕原本平整美麗，經過叉子刮出線條，才能和封底更緊密結合；受傷了，反而才能有機會和別人更貼近，這不就像人跟人在一起難免都會受傷，一樣嗎？」

「能夠經歷這個關卡的朋友，感情才會愈來愈好，如果你不了解我，我也不去了解你，朋友終究就會分開。」

「果凍裏的水珠沒有吸乾，就像人的煩惱太多一樣，不把煩惱去掉，做事終究難以圓滿，往生的時候，難道還要帶著煩惱走嗎？」

經歷果凍花的實驗過程，讓她懂得反省，平時就要去除煩惱，即使受傷後，也不要讓煩惱堆積，人生才能像果凍花一樣踏實、自在。

努力付出不設限

剛開始，她並沒有特別想開課教果凍花，有人想學，她就邀大家來家裏學。而她平常從早忙到晚，白天做打掃工作，晚上要照顧家裏，只能利用休假日來教學。

後來，她受邀到板橋園區上課，想到要面對那麼多人，其實是有些膽怯的，正當猶豫不決之際，阮爸爸告訴她：「既然你會這個手藝，就要出來教，才能真正推廣，不要怕，凡事總要有個開始。」

她鼓起勇氣，第一次跨出去正式教學，沒想到，後來邀請的單位愈來愈多，學校輔導班、社區課程、移民署……還有來自外縣市的邀約。阮清水一直有個心願，想要用家人的名義布施，只可惜平時工作賺的錢有限，現在受邀到處去教學，正好可以把講師費存下來布施。

當愈來愈多人邀請她去上課，儘管平時還要工作，但她儘可能不拒絕，抱持著「你需要，我就來服務」的心態，接下一場場的課程，她提醒自己：「用服務的心去做這件事，就會覺得很快樂，上課開心，就不會有壓力。」

有學生問：「老師，你做那麼多果凍花都是結緣，要怎麼圓滿你設定要布施的心願？應該要收費啊！」

確實，想要圓滿為公婆與父母布施的心願，一個人的目標是一百萬元，四個人就要四百萬元，這對阮清水來說，不是一件小事。

她笑了笑：「我想要圓滿心願是個人的事，和大眾結緣是我們大家一起做的事，如果我做這些事只是為了圓滿自己，有點自私，因為我沒有辦法回報大家的恩情，才想要結緣。」

「老師，你這樣會很辛苦，因為免費結緣的活動太多了。」

「老師，如果你不要一直結緣，說不定早就圓滿心願了，每個月那麼多活動所結緣的果凍花，材料費加起來不少錢耶！」

阮清水解釋：「我在盡力，每一分每一秒結好人緣，我也問過自己，努力布施是為了什麼，孝順父母？為名為利？還是為了那張獎狀？如果是為名為利，就會不斷想要賺錢趕快圓滿，如果是為了孝順，這樣的圓滿才是真的功德，所以我不給自己設限，幾年圓滿都沒關係，重要的是我一直在做。」

阮清水最常問自己的是：「有沒有盡力？既然盡力了就不會後悔，就算今生無法圓滿，也不會帶著遺憾。她相信佛法，相信六度波羅蜜，布施、持戒、忍辱、精進、禪定、智慧，都在提醒著我們修行的道路與方向。佛陀在《無量義經》裏提到「頭目髓腦悉施於人」，什麼都可以布施出去，證嚴法師也常說自己沒有錢，錢都在眾生的口袋，但他卻能推廣慈濟走到全世界。」

她相信佛陀的開示，相信證嚴法師走過的路，她不煩惱為公婆與父母布施的心願，是自己對老人家的報恩和祝福，並非要讓人讚美。不執著與坦蕩蕩，讓她走在結緣路上，自在且輕鬆。

當一些政府單位邀請她去教授果凍花，她因此認識了很多新住民姊妹，她們在臺灣的故事，有血有淚，常令她心疼不已。

有位來自越南的姊妹，老公已經往生，自己要照顧小孩、還要工作，透過學習果凍花，有了一技之長，現在也加入慈濟做志工了。

去嘉義市教學時，遇到一位越南姊妹，先生中風了，她要工作又要照顧三個小孩，卻任勞任怨。這位姊妹生活辛苦卻很樂觀，每次都歡歡喜喜來學習，甚至教阮清水做越南點心。

透過果凍花教學，阮清水成為她們口中的「果凍師姊」。有些外籍配偶嫁來臺灣後，生活不怎麼好，願意來學果凍花也是培養另外一種技能與專長，有時她接了很多訂單，就會讓這些姊妹們來做，幫她們增加收入。

她也常常和大家分享行善與福報的故事，鼓勵她們即使在窮困的日子裏，也要給自己付出及幫助別人的機會，十元、一百元都是布施。姊妹們聽進去了，常會自動捐錢到竹筒裏，形成一個愛的循環。

阮清水記得她剛到臺灣時，心情很壓抑、很憤怒，曾跟越南姊妹打架吵架，進入慈濟當志工後，才慢慢改變自己的態度和想法，還去找這位越南姊妹道歉。透過反省，她發願一定要幫助新住民在臺灣這塊土地上，用好的思維安身立命。

也就是要實踐當初震撼她的那句《靜思語》，「頭頂別人的天，腳踏別人的地，要常懷感恩心，取諸當地、用諸當地，才能得到人家的疼愛與敬重。」

想到從前的自己，就更希望能幫助新住民姊妹，只是挫敗常敲門，夜裏她也會躲起來偷偷哭，主因是一些姊妹的傲慢心很難調伏，她個性急，講話太直接，難免和大家產生摩擦。

曾有人一言不合就離開了，姊妹安慰她：「姊姊，你不要那麼難過，她一個人走了，我們還有七、八個人在這裏。」

所以，對於這些越南姊妹，其實她有時候愛她們比家人還要多，才會很難過，只能用佛法來提醒自己，今天有緣就做朋友，無緣就要放手，學會放下。

經歷人生大起大落，每次她去教學，就會分享這些體悟，她也不斷檢討自己，希望能夠完全改正自己的習氣，人與人的相處，真的不容易修得好，所以她要一直在人群中繼續修行。

學生問：「老師，我的果凍花做的不好看，怎麼辦？」

阮清水回應：「不好看，吃進去就好了呀，下次再做的更好。」

有一次，學生對她說：「老師，我很捨不得切開這個果凍花……」

聽了學生這麼說，她突然有種想哭的感覺，想到這些姊妹們，因緣相聚在一起，有時又不得不分離，她會很難過，就像捨不得切開果凍花的心情一樣。

「果，就是因緣的成熟；凍，是讓我們團結在一起；花，是相遇的美麗。」抱持這樣的心情，阮清水自許是果凍花教學的志工，想把自己學到的方法，解決煩惱的體悟，分享給更多人，接引更多新住民。

她總是跟學生這樣說：「我不是你們的老師，大家都是平等的，我從你們身上學到更多，一個人無法自己成長，透過相互調和，也學習和別人配合，才能獲得更多的成長，就像做果凍花一樣。」

教學相長 新意不斷

學生問：「老師，你有沒有試過甜菜根？」

阮清水說：「有啊，不太好喝。」

學生建議：「要不要試試甜菜根加上金桔跟鳳梨？」

阮清水懷疑地問：「這樣加起來會好喝嗎？」

學生想了想說：「我也不知道，你回去喝喝看啊！」

阮清水啼笑皆非，學生們比她還要搞怪有創意，總是提供許多食材的搭配，但有的人是嘗試過後告訴她答案，有的人只負責建議不負責吃，常常讓她摸不著頭緒。

她總敵不過自己的好奇心，回家後真的會找時間試試看，甜菜根的味道不太好，但是很營養又補血，她嘗試著想要加到果凍裏，搭配不同的食材，有時好難喝，有時還不錯，結局是，不論好不好喝，都要喝下去，幸好家人的腸胃都已鍛練的很堅強，還沒鬧到拉肚子送醫急診。

「甜菜根配鳳梨很好喝。」

「可是加上奇異果超難喝。」

「老師，要不要試試看蘋果配蝶豆花呢？」

「不要，那好難吃。」

「老師，你怎麼知道好難吃？」

「因為我已經試過了。」

大家聽了笑成一團，蝶豆花本身沒什麼味道，搭配檸檬，口感也沒有什麼特別，必須是加了蜂蜜才會好喝，可惜並不適合拿來做果凍花。

「桂花的味道不錯，玫瑰花也挺好的，蝶豆花加玫瑰花很漂亮，可是不酸不甜，沒什麼味道……」

阮清水很感謝學生們的用心，因為他們一直不停地提出要求或建議，也讓她產生新的想法來創作，「沒有嘗新的動力，就不會有創意；沒有服務的精神，就沒辦法接納學生們的好意。」

所有的食材要一直試到味道可以了，覺得好喝了，才能夠拿來做果凍花，統計後發現，大家最喜歡的果凍味道，是酸酸甜甜的。例如用五穀米，沒什麼味道，杏仁做出來的乳白色還不錯，但是味道比較令人無法接受，南瓜、椰奶加玉米也挺好的，若再加黑糖，口感就更棒。

她不停地研究，看大家的接受度如何，有時會先做成甜點給大家吃，如果接受度不錯，才會用來製作果凍花。即使到現在，她依然持續實驗，因為很喜歡研究搭配，沒吃過的總是會想要試試。

有的學生很有趣，打了很多不同的蔬果汁，拿來給她喝。

「那你自己喝過了沒有？」

「沒有啊，我就是想讓老師喝喝看，說不定你就會有更多的創意可以搭配。」

有時是學生在創作過程卡住了，或者是不知道怎麼辦了，就會拿來請她給意見。阮清水總是說，打出來的花不漂亮沒關係，最重要的是健康、開心、快樂，要讓人家知道這種感覺。如果今天吃了果凍，下次還會想到你，就是成功的。

有學生跟她分享：「老師，我拿果凍去給人家吃，你知道她說什麼嗎？這個我不喜歡，這個好難吃。我就問，你有吃過我們做的嗎？他說沒有，我說，請你吃吃看我做的好嗎？結果他吃了之後，就說好好吃啊，希望還可以再吃到。」

這件事給了她很大的啟發，上課時，她問學生：「上次做的果凍花，吃了感覺如何？」

學生說：「沒有吃啊，全都送給人家了。」

她驚訝發現，學生們把果凍花打得很漂亮，卻直接轉手送人，從來沒有吃過自己做的。她沒想到結果會這樣，如果自己都不知道東西好不好吃，怎麼可以送人呢？這樣結緣不是變造成人家的困擾嗎？

所以每次上課，她都要求每個人一定要吃自己做的果凍花，甚至食材剛調好顏色，立刻就要吃吃看是什麼味道。

她對學生耳提面命：「自己都不想吃，怎能要求別人喜歡呢？」

她從教學過程看到很多人性，有的人積極想要更好，有的人覺得停在原地就可以，她會提醒自己：這就和修行一樣，有些人覺得我修這樣就很好了，不想求精進，其實修行哪有終點，這些都是成長自己的資糧啊！

她一邊教學，一邊常講《靜思語》，表面上她是講給學生聽，其實也是在講給自己聽，為的是時刻提醒自己放下不好的習氣。

當學生愈來愈多後，阮清水思考著：我能給他什麼？如果他要做生意，我就要幫他找到很多口味，開發特色；如果是要走教學路線，就要把他的基礎教好，成為一個有本事的人。

她警惕自己要關注的是，不是把果凍花做的多麼漂亮，去參加比賽拿了很多獎，讓大家知道她很厲害。把學生教好，讓他們出去推廣發揚光大，影響更多人，那才是她的目標。

四十歲的家逸，長的清秀俏麗，在阮清水的鼓勵下，二〇一八年第一次參加比賽，本來想要藉著比賽多觀摩別人的作品，沒想到會得到金牌，她開心地笑翻了天。

回想當年，是在朋友臉書上看到果凍花的照片，她非常心動，於是積極透過朋友連繫，找到阮清水，從內湖區跑到三重，一學就是兩年，即使現在已經是果凍花教學老師了，依然堅持繼續學習。

家逸談到堅持的原因：「會想要一直持續來這裏學習，是因為老師總是有新的創意，當我們基礎學會了，當然在家做就可以，可是沒有老師的指導，自己是變不出花樣來的，老師不只會有新創意，還能找出新的工具、材料。」

她記得第一次做好果凍花時，心裏非常有成就感，去學校接小孩，就特地送給老師，沒想到老師超級驚喜：「好特別的果凍啊！」此後，她便愛上果凍花，親子也常一起快樂地DIY果凍花。

面對阮清水這樣的老師，她常常會感到心疼與不捨，因為老師再怎麼忙、再怎麼累，還是一直努力做結緣品；有一次已經重感冒了，還是抱病做果凍花，一心只想和別人結緣。她知道老師是以愛為出發點，想要去奉獻、付出，也知道老師是一個用生命在做果凍花的人，但就是這傻傻的堅持，讓她佩服的五體投地。

所以，她一心想要跟著這個傻老師，繼續學習。

「一模一樣的東西到她手裏，就像變魔術，會變出更多的不一樣，而且老師可以說是果凍花的開山始祖之一，很多同期的老師，都慢慢變成用色素來取代，可是老師堅持用天然、健康食材，曾有學生為了要比賽，跟老師說，我們就用色素嘛，定色比較好看，老師認為使用色素就不是她的學生了，非常有原則。」

家逸有兩個小孩，當然希望小朋友吃到天然的、健康的東西，後來她去內湖農會教學，也是堅持用天然食材，如果材料不足，寧願千里迢迢跑到三重跟老師拿食材，也不會因為想要方便，就隨便用色素。

她慶幸自己當初直接找到阮清水學習果凍花，跟對一個很有原則的老師，耳濡目染下，她對天然食材的要求也從不打折扣。

教學時難免碰到很難上色，或色彩跑掉，做出來的果凍花缺乏美感，家逸會跟學生解釋：顏色會跑掉沒有關係，蔬果的色彩本來就會變化，這才是正常的，吃起來安心最重要。這是長期跟在阮清水身邊，潛移默化所領悟的道理。

更願青出於藍

阮清水為什麼能夠一直保持創新？因為她是用一種服務的心情，一百個人來學習，可能就有一百一十種要求，她不會叫大家都要學一樣的東西，而是她自己也要不斷思考，變化口味、變化圖案，讓想要來學習的人開心。

有的人年紀大，想要做可愛的圖案給孫子；有的人想要漂亮的花；有的人喜歡動物；有人想畫一幅風景；有人只想吃到健康的就好……所以要順應眾生的要求，用服務的心情來做，就不會覺得累。

曾經有一個學生到處去學果凍花，幾乎全臺的老師她都去請益，可是後來還是一直回來找她，「老師，我現在有障礙，我不知道要怎麼打果凍花了。」

阮清水疑惑地問：「你跟了那麼多老師學習，為什麼反而不會打果凍花了？」

學生迷惘地說：「我也不知道，無從下手啊，好像茫茫然……」

阮清水立刻就明白了，因為學了太多方法，心反而亂了，就像證嚴法師說的「學佛的人若是到處跑道場，跑來跑去心就會亂。」

阮清水告訴她：「你先坐下來，讓心靜一靜，然後做自己想要的圖案就好。」

慢慢的，她做出了一個完整的果凍花，終於鬆了一口氣。

阮清水告訴她：「你知道這是誰的手法嗎？這是你自己的手法，學了那麼多，吸收進來融合成自己的，再來發揮，首要條件是：心不能亂。」

後來這位學生跟她說：「老師，我現在打果凍花已經很穩了。」因為她懂得開始做自己，而不是一直去學習模仿別人。

每次她鼓勵學生們去教學的時候，總有人問：「老師，你不怕我跟你搶學生嗎？」

阮清水很坦然：「有福報的人，永遠做不完，沒有福報的人，怎麼樣也賺不到，所以我們只會是朋友，不會是敵人。」

她最開心的莫過於跟在身邊學習的人，大概半年，就可以勇敢出去教學了。

住在土城的慈濟志工文惠，三年前聽過阮清水果凍花的經驗分享，有一天她特地來找她幫忙。

「我有一戶會員，家裏娶了越南媳婦，身心好像出了一點狀況。每次我去他家，總感覺那位越南媳婦很不快樂，不知道老師願不願意跟我去關懷她？」

阮清水毫不猶豫答應了，文惠很感動，她想，如果讓她們用母語聊一聊，應該會比較親近，說不定能開導對方，讓她開心一點，不再憂鬱。

遺憾的是，阮清水去了幾次就無法再去，家屬忌諱讓媳婦和越南人走太近。事與願違，文惠出乎意料，對阮清水很抱歉。

倒是阮清水很坦然，她明白許多人難免有偏見，反而是她在安慰文惠不要在意。兩人愈來愈熟，知道她在板橋要開果凍花課程，文惠立刻報名參加。

「說真的，我的初衷不是為了學果凍花，而是為了阮清水這個人，她散發的那股正氣，吸引我想跟她親近，所以才去報名。」

文惠喜歡製作果凍花這堂課，除了成品可以用來結好緣，在四個小時的上課過程也可以很專注，尤其阮清水的教學很特別，總以《靜思語》的話提醒大家。

例如畫一個同心圓，她會說：「我們要愛惜這個心啊，不要在同一個點上還計較輸贏。」

畫花朵時，她會比喻「花的心是一個家庭的中心，延伸出來的葉片是爸爸、媽媽、孩子，都要從這個圓心放射出去，花才會美麗，如果沒有打在同一個圓心，擴散出去就散掉了。」

阮清水已經將證嚴法師開示的佛法深植心中，才有辦法形容的如此貼切，文惠打從心底折服。

阮清水發願要護持人文志業中心，用父母、公婆的名義布施，文惠不免要替她擔心，發這麼大的願，不會做的很累嗎？尤其有一陣子，阮清水的身體有狀況，臉上還一直長痘痘，而身為學生的文惠，就是默默的支持，只要有活動要結緣果凍花，她就會去幫忙。

因為感動，文惠跟阮清水說：「我如果開始教果凍花，會把所有的收入都拿來護持大愛臺。」後來真的有人邀請她去教學和分享。

素緣特地從嘉義跑到三重學習果凍花，因為天然食材吸引她。她曾參加南區的果凍花教學，發現老師都是使用色素，她嚇了一跳：「這是吃進去的東西，不是觀賞用的，怎麼能加這種化學材料呢？」只上了一天課就打退堂鼓，後來找到阮清水老師，家人反對她奔波勞累，但她覺得自己做果凍花是因為興趣和喜歡，不是為了要賺錢，堅持不懈地來上課。

素緣感性地說：「阮清水老師很好，她給我很多的鼓勵，所有不懂的東西都會仔細地講解，沒有私心，很認真地分享所會的東西，這是讓我覺得最敬佩的，所以一直跟她學習到現在都不想離開，她的立場就是分享和奉獻，而不是想要從學生身上賺多少錢，這一點是可以感覺得出來的。」

儘管她早已「出師」，在嘉義開課教學，但每周阮清水的臺中課程，她從不缺席，甚至還會跑到三重繼續上課，持續兩年多了，依然興致勃勃，因為她真的愛上果凍花。

住在蘆洲的寶珠已經六十七歲，爽朗的個性是同學的開心果，她重視的也是天然食材，學習兩年了，每次做好了就到處結緣。

寶珠開玩笑地說：「第一次吃到果凍花，覺得很驚豔，就來報名，阮清水老師當我女兒都可以了，但我在她身上學了很多，有時上課我會搗蛋，但她很包容，很好相處。」

每次看到學生「出師」，阮清水就滿心歡喜，因為這代表更多人認識果凍花可以用天然健康食材製作，美麗不見得有毒，只要願意改變，願意學習方法，一切都能變得更好，就像我們的人生。

當下、用心、專注，是做果凍花很重要的原則，阮清水認為這也是人生的處世原則。

「人人都有一本難念的經，有很多人會誇獎我說，阮清水你做了很多很多，其實我內心認為，做社會服務的工作，是為了回饋和報恩。我常跟自己說，把痛苦當成快樂，並不是每天都要去想很美好的東西，有很多問題要處理，如果人間都很好，佛陀也不會來人間度化眾生了。我進來慈濟，一直努力在學習的，就是放下，不要罣礙，學習不要有太多的牽絆和執著，不要綁住家人，也不要綁住自己。」

後記

回首二十年 感謝陪伴

簡志宗：

我六十歲了，處於半退休狀態，主要是陪清水到處上課、分享，一個星期跑一、兩千公里，還有幫忙載送認養活動的結緣品。水電工作只有老客戶才接，可有可無。

有人會問：你怎麼都不出去玩？我說，年輕時該玩的都玩過了，現在最享受的，是靜靜讀一本書的時光。至於要不要進慈濟做志工？我怕自己無法遵守慈濟的所有規矩，所以就是盡力護持清水。

結婚後，都是我工作賺錢養家，清水賺的錢剛開始都寄回越南，後來不寄錢回去，又把賺的錢都捐出去了，有時候我會覺得很無奈，這個老婆從前心在越南，現在心在慈濟，但是我能說什麼呢？人活著開心快樂就好了，何況她用的都是自己賺來的錢，沒有影響家裏。

一直以來，清水都是個孝順的女兒，因為她對娘家人真的很好，反觀我自己，父子一度像仇人，不免有點羨慕又忌妒。

跟清水結婚，有時覺得好像是在照顧女兒一樣，因為年齡的差距跟個性使然，我會比較讓著她，不會跟她硬碰硬。六十年來，我想做的事都已經去做了，現在陪著她到處去上課，參加活動，倒也悠哉愜意。

結婚，是一種承諾，是一分責任，雙方都要為自己的決定負責任，不能輕易離婚，尤其是娶外籍新娘，想想看，她們離鄉背井，來到人生地不熟的環境，我們不應該對人家好一點嗎？

阮清水：

生活在臺灣，真的很美好，放眼這個世界的災難和苦難，我們這麼有福報，更要珍惜。

我不怕辛苦，盡力去做志工，一方面是想要回饋，一方面是很怕再走錯路，個人業力太重，希望今生跟大家結好緣，下輩子大家會記得拉我回慈濟，免得又迷失在痛苦人生中。

如果我沒有看大愛電視臺，沒有為了要找答案而做環保，沒有因此改變，我現在可能還在賣檳榔，甚至離婚，我很感激這個過程，也常鼓勵新進志工：「募心募款不是為了自己，而是為了很多苦難的眾生。所以，我們不要怕辛苦，只要想想有很多苦難人在等我們付出。」

我雖然很喜歡布施，也發願捐款，可是我最重視的不是錢，而是慧命有沒有成長？生活有沒有意義？我真的很感恩慈濟、感恩上人，使我的人生因此全部翻轉過來。

我的另一個幸運，是嫁了一個好老公。直到現在，我做果凍花教學賺多少錢、捐多少錢，他從來不會問一句，有一個這樣信任你的人，陪你走一生，我還求什麼？

上人說：「好的習慣養成一個人，壞的習慣也養成一個人，一個好念頭轉，一生無量。」感恩我有機會轉變，不再充滿怨恨，學會用愛來看這個世界。

附錄

不藏私的果凍花食譜

製作果凍花，在掌握天然食材的應用方式後，仍必須把椰奶擺在第一位，這是顏色調和的重要武器！用椰奶做基底的果凍，再調合其他色彩，是阮清水費心實驗後的美味配方。

椰奶基底配方：

蒟蒻粉140克、白砂糖200克、水1400CC、椰奶400克。

做法：

1、先將500CC的水，加入140克蒟蒻粉，攪拌均勻。

2、再將900CC的水煮滾後，加入白砂糖、椰奶與做法1，不斷攪拌至沸騰，即可熄火。

3、此即為白色基底，用來調合色彩，製作果凍花。

天然食材顏色取用方法：

【紅色】

火龍果：將紅色火龍果的果肉壓汁取用。

紅麴：打成泥取用。

甜菜根：煮熟後打成泥取用。

【橘色】

紅蘿蔔：煮熟打成泥取用。

【紫色】

紅鳳菜、優盾草：煮熟後過濾取汁。

紫地瓜：煮熟後打成泥取用。

【綠色】

抹茶粉、痲芛粉：直接與基底調勻取用。

菠菜、香蘭葉：切碎加水，用果汁機打成泥，過濾取汁。

【藍色】

蝶豆花：泡水後取用。

青黛粉：調水即可使用。

【黃色】

玉米：將玉米粒打碎過濾取汁。

南瓜：煮熟打成泥取用。

薑黃粉：直接與基底調勻取用。

山梔子：用水煮滾取用。

【咖啡色】

咖啡粉、巧克力粉：直接與基底調勻取用。

【黑色】

竹炭粉：直接與基底調勻取用。

濃度較高的可可粉、仙草粉：直接與基底調勻取用。

【白色】

椰奶基底配方。

以天然食材調色後，就能隨心所欲在果凍上做畫，想要山水圖或者花朵、動物，不論畫出什麼圖，做完的果凍花都能安心吃下肚，不過別忘了，封底用的果凍，可是成品好不好吃的關鍵！若是不用來封底，直接做成果凍吃也一樣美味可口。

阮清水提供多年來常用的、好吃的封底果凍配方：

1、**養生五穀果凍**

材料：蒟蒻粉140克、糖200克、黑糙米五穀粉200克、水2000CC、莓果乾少量點綴，以上拌勻後煮滾即可。

2、**黑糙米果凍**

材料：蒟蒻粉140克、糖250克、椰奶400CC、黑糙米粉300克、水1500CC、靜思香積飯35克（用水泡至膨脹即可）、大燕麥片10克，以上拌勻後煮滾即可。

（底部的點綴，用香積飯與大燕麥片，會產生田裏有小白石的效果，很有美感）

3、百香檸檬果凍

材料：蒟蒻粉140克、百香果300CC、檸檬100CC、糖300克、水1000CC，以上拌勻後煮滾即可。

4、芒果椰奶果凍

材料：蒟蒻粉140克、糖250克、水100CC、椰奶400CC、芒果果肉500克打成泥，以上拌勻後煮滾即可。

5、巧克力椰奶果凍

材料：蒟蒻粉140克、水1500CC、可可粉200克、椰奶400

克、糖200克，以上拌勻後煮滾即可。

6、咖啡椰奶果凍

材料：蒟蒻粉140克、水1500CC、糖200克、椰奶500CC、三合一咖啡粉20包，以上拌勻後煮滾即可。

7、桂圓銀耳果凍

材料：蒟蒻粉140克、水2000CC、白木耳15克、枸杞紅棗少許、黑糖蜜500CC，以上拌勻後煮滾即可。

（黑糖蜜做法：黑糖600克＋龍眼乾200克＋水100CC，熬煮半小時）

8、**紅豆黑糙米椰奶果凍**

材料：蒟蒻粉 140克、水 1500CC、糖 200克、椰奶 500CC、黑糙米飯 200克、紅豆粉 100克，以上拌勻後煮滾即可。

9、**桂花蜜果凍**

材料：蒟蒻粉 140克、水 2000CC、桂花蜜 500CC，以上拌勻後煮滾即可。

10、**相思豆果凍**

材料：蒟蒻粉 140克、紅豆湯 2000CC、紅豆粒 500克、椰奶 200CC、糖 250克，以上拌勻後煮滾即可。

阮清水
的果凍花作品

杯底乾坤

做法：

1、取一淺盤，倒入薄薄透明基底，靜待冷卻。
2、冷卻後，基底內打入喜歡的各種花芯、花萼、花瓣及造景。
3、過程中，重複使用廚房紙巾，將構圖中的基底內擦拭吸乾淨。
4、將已造景好的薄薄透明基底拿起，放入高腳杯內立起。
5、加熱藍色蝶豆花基底，倒入高腳杯內，靜待冷卻，即完成。

凝聚愛心

做法：

1、取愛心模具，倒入透明基底，靜待冷卻。
2、在冷卻後的愛心模具基底內，打入各種花芯、花萼、花瓣。
3、過程中，重複使用廚房紙巾，將構圖中的基底內擦拭吸乾淨。
4、加熱喜歡的各種顏色基底，倒入各個愛心模具上方，做出第二漸層的效果，靜待冷卻。
5、最後，取熬煮好加熱的桂圓銀耳黑糖蜜淋上封底，做出第三漸層的效果，靜待冷卻，即完成。

慈濟

淨土人間

做法：

1，取一淺盤容器倒入加熱後的透明基底，將藍色加白色的「慈濟」字

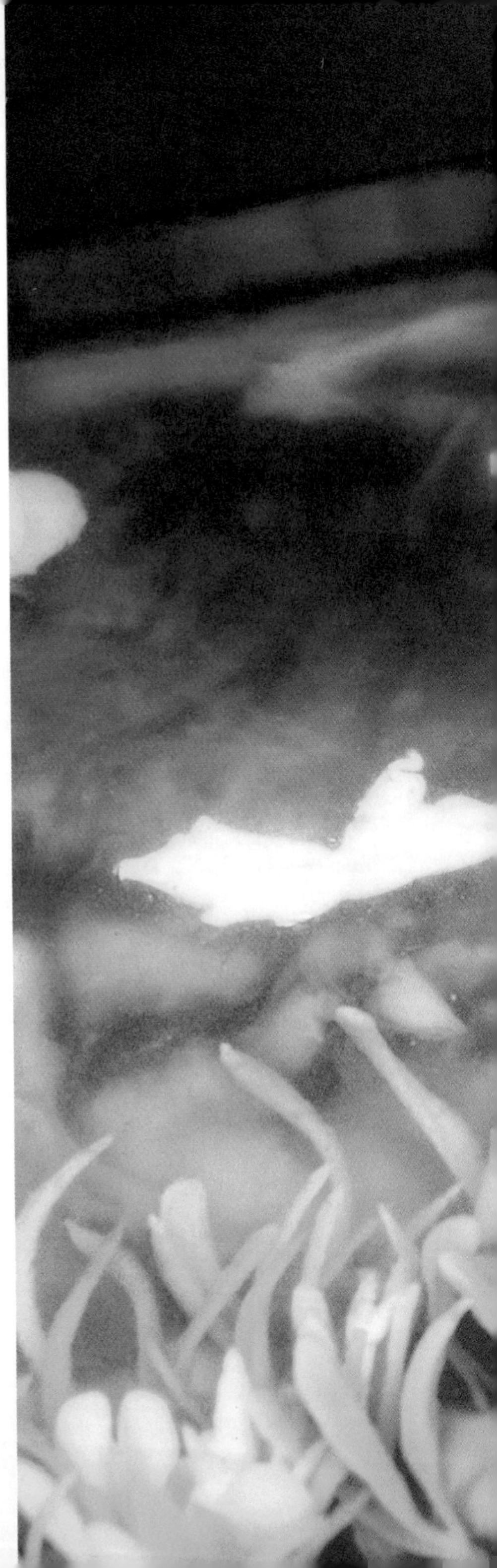

樣字模放入容器內，靜待冷卻。

2、取長方形保鮮盒，將製作好已冷卻的字模放入，再倒入加熱透明基底約八分滿，依序放入大葡萄乾（小石子造景），靜待冷卻。

3、基底冷卻後，以最小的空針打出泡泡並開始構圖。

4、在邊邊依序刮出大小水流的圖樣，刮出的白色基底以湯匙舀回白色基底配方杯內，重複加熱使用。

5、過程中，重複使用廚房紙巾，將構圖中的基底內擦拭吸乾淨。

6、用白色和綠色基底，在水流底部做出葉子掉入水面和水流的效果。

7、沿著小石子上方，用綠色和紫色基底，打出水中小草與小花造景。

8、取淡藍色基底打入水流上方，先做出第一層漸層效果。

9、加熱並加重藍色蝶豆花顏色基底後，倒入水流、小草、小花造景上方，做出第二層深藍漸層的水中效果，靜待冷卻。

10、長方形保鮮盒下方挖出大小不一的石頭造景，以打火機燒烤（較平滑）或以挖勺（較自然）做出不同的感覺。

11、在石頭造景上方以綠色和紅色基底，打出各式水草與小花造景。

12、過程中，重複使用廚房紙巾，將構圖中的基底內擦拭吸乾淨。

13、以黑色和白色基底，打入石頭造景凹槽內，做出灰白的水中石頭造景效果，再以綠色基底打在灰白的石頭造景上，靜待冷卻。

14、在灰白石頭造景上方依序構圖，以割或打的方式做出大小不一的山巒，之後以黑色和白色基底混合打入割出的小山內，即可帶出立體的漸層山巒造景。

15、以綠色、黑色和白色基底，打在漸層山巒造景上方，做出造景效果，靜待冷卻。

16、取白色基底在長方形保鮮盒上方打出大小不一的白雲造景。

17、過程中，重複使用廚房紙巾，將構圖中的基底內擦拭吸乾淨。

18、打入的基底若有泡泡，可用空針吸出，並不斷調整各式造景效果。

19、用叉子在天空透明基底處刮出各式淺淺的痕跡，勿太用力。

20、加熱藍色蝶豆花基底後，倒入天空造景上方，再用白色基底不拘地打在藍色基底上方，做出天空藍白漸層混合的效果，靜待冷卻。

21、取熬煮好加熱的桂圓銀耳黑糖蜜淋上封底，靜待冷卻，即完成。

心想好

在世界盡頭的角落

作者／歸人等
企畫／邱淑絹
書系／水月系列001
開本／15*21cm
頁數／295頁
定價／250元

「如果世界盡頭有個角落，
那就是監獄了。」
迷航人生，偏離軌道，
意外航進「角落」裏；
決心返航，需要勇氣，
也需要智慧與毅力……

他們的故事

作者／蕭耀華
書系／水月系列002
開本／22*17cm
頁數／191頁
定價／450元

匆匆交集的瞬間，
坦率定格為永恆。
透過鏡頭與文字，
連結生命經驗，
看不見犀利、嚴肅的批判，
卻能啓發觀者省思。

阿良的歸白人生

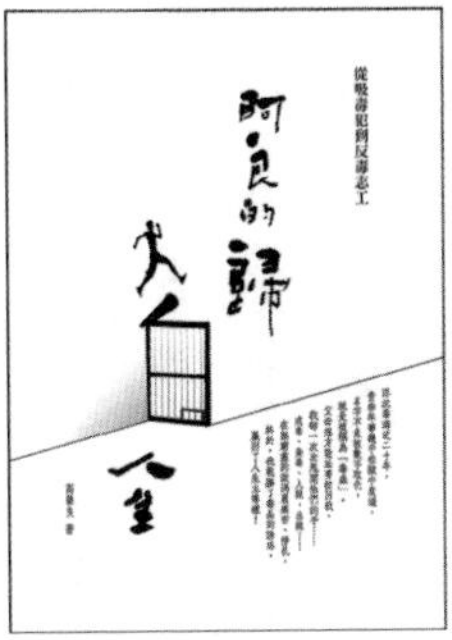

作者／高肇良
書系／水月系列003
開本／15*21cm
頁數／327頁
定價／250元

戒毒、染毒、出獄、入獄……
在無窮盡的痛苦漩渦裏掙扎二十年，
他如何戰勝毒品的誘惑，
重新贏回人生主導權？

牽你的手 慢慢走

作者／陳美羿
書系／水月系列004
開本／15*21cm
頁數／281頁
定價／250元

她從海南嫁到臺灣……
他車禍命危，她堅持一定要救；
他變成植物人，她努力將他喚醒；
他腦傷嚴重、十多年來狀況百出，
她像牽著孩子，
陪著他一步一步慢慢走……

我始終相信 教育的力量

作者／蔡炳坤
書系／水月系列005
開本／15*21cm
頁數／320頁
定價／250元

因為相信，所以堅持；
因為堅持，所以不放棄；
因為不放棄，
所以能為孩子營造更多幸福未來。
慈濟教育志業執行長蔡炳坤始終相信，
走過泥濘，必然留下深刻足跡！

職引迷津

作者／鄭淑真等
書系／水月系列006
開本／15*21cm
頁數／320頁
定價／250元

職業，不只是養家餬口的薪水，
更是人生價值與成就感來源。
職涯起點，如何擇所愛、愛所擇？
二十二位業師以自身就業、創業經驗，
為年輕人指點迷津。

人生青紅燈

作者／張麗雲等
書系／水月系列007
開本／15*21cm
頁數／366頁
定價／250元

對與錯，一念間。
心念失控，可能換來一生悔恨，
禁錮在高牆的靈魂，
需要愛的澆灌，才能融化冰冷，
進而探出嫩芽，迎向陽光。

我的人生我來柔

主述／呂家柔（郁方）
撰文／涂心怡
書系／水月系列008
開本／15*21cm
頁數／352頁
定價／350元

缺而又圓的親情是麵粉，
不向命運低頭是催發，
考驗挫折為力道，人生學習為度量，
調入青澀漸純熟的歲月，
揉捻出香甜不傷胃的好味道。

水月系列 009

心清如水——阮清水戀戀果凍花

主　　述／阮清水
撰　　文／吳惠晶
採　　訪／吳惠晶、吳雅惠
封面內頁攝影／黃筱哲

創辦人／釋證嚴
發行人／王端正
平面總監／王志宏
主　　編／陳玫君
企畫編輯／邱淑絹
特約編輯／吳美姬
執行編輯／涂慶鐘
美術設計／翁士婷

出版者／慈濟傳播人文志業基金會
地　　址／11259臺北市北投區立德路2號
編輯部電話／02-28989000分機2065
客服專線／02-28989991
傳真專線／02-28989993
劃撥帳號／19924552　　戶名／經典雜誌
製版印刷／新豪華製版印刷股份有限公司
經銷商／聯合發行股份有限公司
23145新北市新店區寶橋路235巷6弄6號2樓
電　　話／02-29178022
出版日期／2019年9月初版一刷
定　　價／新臺幣320元

為尊重作者及出版者，未經允許請勿翻印
本書如有缺頁、破損、倒裝，敬請寄回更換
Printed in Taiwan

國家圖書館出版品預行編目（CIP）資料

心清如水：阮清水戀戀果凍花／
阮清水主述；吳惠晶撰文 — 初版
臺北市：慈濟傳播人文志業基金會，2019.09
304面；15×21公分 —（水月系列；9）
ISBN 978-986-5726-76-8（平裝）
783.3886　　108015207